OUTRO OLHAR SOBRE A CEGUEIRA

Editora Appris Ltda.
1.ª Edição - Copyright© 2024 da autora
Direitos de Edição Reservados à Editora Appris Ltda.

Nenhuma parte desta obra poderá ser utilizada indevidamente, sem estar de acordo com a Lei nº 9.610/98. Se incorreções forem encontradas, serão de exclusiva responsabilidade de seus organizadores. Foi realizado o Depósito Legal na Fundação Biblioteca Nacional, de acordo com as Leis nos 10.994, de 14/12/2004, e 12.192, de 14/01/2010.

Catalogação na Fonte
Elaborado por: Josefina A. S. Guedes
Bibliotecária CRB 9/870

L371o
2024

Laudino, Joyce
Outro olhar sobre a cegueira / Joyce Laudino. – 1. ed. – Curitiba: Appris, 2024.
156 p. ; 21 cm. – (Multidisciplinaridade em saúde e humanidades).

Inclui referências.
ISBN 978-65-250-5895-5

1. Olhar. 2. Pessoas com deficiência visual. 3. Filosofia. 4. Psicanálise. I. Título. II. Série.

CDD – 152.384

Livro de acordo com a normalização técnica da ABNT

Appris
editora

Editora e Livraria Appris Ltda.
Av. Manoel Ribas, 2265 – Mercês
Curitiba/PR – CEP: 80810-002
Tel. (41) 3156 - 4731
www.editoraappris.com.br

Printed in Brazil
Impresso no Brasil

Joyce Laudino

OUTRO OLHAR SOBRE A CEGUEIRA

FICHA TÉCNICA

EDITORIAL	Augusto Coelho
	Sara C. de Andrade Coelho
COMITÊ EDITORIAL	Marli Caetano
	Andréa Barbosa Gouveia - UFPR
	Edmeire C. Pereira - UFPR
	Iraneide da Silva - UFC
	Jacques de Lima Ferreira - UP
SUPERVISOR DA PRODUÇÃO	Renata Cristina Lopes Miccelli
PRODUÇÃO EDITORIAL	Daniela Nazario
REVISÃO	Josiana Araújo Akamine
DIAGRAMAÇÃO	Andrezza Libel
CAPA	Carlos Pereira
REVISÃO DE PROVA	Jibril Keddeh

COMITÊ CIENTÍFICO DA COLEÇÃO MULTIDISCIPLINARIDADES EM SAÚDE E HUMANIDADES

DIREÇÃO CIENTÍFICA	Dr.ª Márcia Gonçalves (Unitau)
CONSULTORES	Lilian Dias Bernardo (IFRJ)
	Taiuani Marquine Raymundo (UFPR)
	Tatiana Barcelos Pontes (UNB)
	Janaína Doria Líbano Soares (IFRJ)
	Rubens Reimao (USP)
	Edson Marques (Unioeste)
	Maria Cristina Marcucci Ribeiro (Unian-SP)
	Maria Helena Zamora (PUC-Rio)
	Aidecivaldo Fernandes de Jesus (FEPI)
	Zaida Aurora Geraldes (Famerp)

Dedico este livro aos meus avós Laudino e Léa, in memorian, por acreditarem que a oportunidade de estudar era o melhor que eles poderiam me oferecer.

AGRADECIMENTOS

Exprimo minha gratidão aos professores Dr. Antonio Quinet e Dr. Leonardo Pimentel pela transmissão da psicanálise, escuta e incentivo.

Aos professores Dr. José Maurício Loures e Dr. Richard Couto pela riqueza da interlocução.

Às professoras Dr.ª Daniela Scheinkman e Dr.ª Joana Novaes, pelas contribuições que me levaram a importantes desdobramentos.

Aos professores Dr.ª Paula Land e Dr. Rogerio Quintella por me apresentarem a psicanálise.

Àquele que ocupa o lugar de suposto saber, que empresta os seus ouvidos às minhas elaborações e que com seus cortes e pontuações me leva a, sempre que preciso, recalcular a rota.

E em especial, à minha filha Helena, que sempre me faz companhia com suas bonecas e lápis de colorir; que, com seus questionamentos sobre o olhar, me incentivou a buscar respostas. Por você, meu amor, que nunca deixou que o cansaço me tirasse o sorriso.

Quem eu sou, você só vai perceber quando olhar nos meus olhos, ou melhor, além deles.

(Clarice Lispector)

PREFÁCIO

EXPERIMENTAR O QUE NÃO VEMOS

Uma das principais características do pensamento do século XX foi a consideração de uma teoria não substancial de sujeito, não mais dotado de egoidade ou identidade. A partir da descoberta do inconsciente por Sigmund Freud e de suas consequências no que se refere a uma nova forma de pensar a subjetividade e o campo social, Jacques Lacan, com a sua concepção de inconsciente estruturado como uma linguagem, apresentou o conceito de sujeito em sua relação com o campo do Outro, afirmando que "O significante produzindo-se no campo do Outro faz surgir o sujeito de sua significação".[1]

Partindo das formulações freudianas sobre o advento do desejo, Lacan[2] observou que, se o movimento do sujeito consistia em tentar reencontrar um objeto, então deveria tratar-se, na verdade, da relação entre o sujeito e os objetos parciais — incidências do objeto *a* na álgebra lacaniana. Ao se coagular em significantes — o que implica corte, divisão e perda — o sujeito se esforça, no campo do Outro para se reunir, se completar. Por não haver representação da totalidade da pulsão sexual, na medida em que "pelo efeito de fala, [o sujeito] se realiza sempre no Outro", "ele aí já não persegue mais que uma metade de si mesmo". E "só achará seu desejo sempre mais dividido, pulverizado, na destacável metonímia da fala".[3]

Assim, o objeto nunca está em simetria com o sujeito, já que em presença do objeto o sujeito esvanece. Na cena em que o Homem dos Ratos entra embaixo da saia da governanta, temos, de um lado, o sujeito em *fading*, apagado, o pequeno Lanzer escondido; de outro, o objeto ausente, as partes genitais de Mademoiselle Peter, que o

---

[1] LACAN, J. [1964]. *O seminário, livro 11*: os quatro conceitos fundamentais da psicanálise. Rio de Janeiro: Jorge Zahar Ed., 2008. p. 203.

[2] LACAN, J. [1962-1963]. *O seminário, livro 10*: a angústia. Rio de Janeiro: Jorge Zahar Ed., 2005.

[3] LACAN, J. [1964]. *O seminário, livro 11*: os quatro conceitos fundamentais da psicanálise. Rio de Janeiro: Jorge Zahar Ed., 2008. p. 184.

pequeno Lanzer tateia e diz ter encontrado algo "curioso". O objeto "vacila completamente ao sujeito".[4] Como bem observou Freud,[5] o menino designava a governanta pelo seu sobrenome masculino. Se os órgãos genitais parecem "curiosos", é porque ele não sente ali o pênis. O "curioso" é a marca da castração, de cuja relação com o objeto *a* esse tira uma parte de seu fascínio.

O objeto *a* foi concebido por Lacan[6] como presença de um vazio de objeto empírico. Não possui imagem, nem sentido; é objeto causa de desejo enquanto escamoteado pelas suas encarnações fantasmáticas e objeto da angústia quando sua face opaca se dá a entrever. O que chamamos de relação de objeto é, na verdade, uma infinidade de relações possíveis entre o sujeito e o objeto *a*, o que pressupõe a impossibilidade de simetria, de completude — logo, a relação de objeto é uma não relação.

É nesse sentido que Lacan considera que há uma ilusão fundamental em todas as relações tecidas pelo desejo. "A pulsão, apreendendo seu objeto, aprende de algum modo que não é justamente por aí que ela se satisfaz".[7] Em seu caráter circular, o "alvo não é outra coisa senão esse retorno em circuito",[8] de modo que o objeto, em sua variabilidade, só pode ser contornado, escamoteado, mas nunca atingido. Ali onde vemos simbolicamente o objeto de desejo, em que o supomos sob o véu, é justamente onde ele não está. "O que é amado no objeto é aquilo que falta a ele — só se dá o que não se tem".[9]

Com essas constatações, a subjetividade é pensada a partir do reconhecimento de que o sujeito está essencialmente em "exclusão interna a seu objeto".[10] O olhar, enquanto incidência privilegiada do

---

[4] LACAN, J. [1963]. Kant com Sade. In: LACAN, J. *Escritos*. Rio de Janeiro: Jorge Zahar Ed., 1998. p. 792.
[5] FREUD, S. [1909]. Notas sobre um caso de neurose obsessiva. In: FREUD, S. *Duas histórias clínicas* (O "pequeno Hans" e o "Homem dos ratos"). Direção de Jayme Salomão. Rio de Janeiro: Imago, 2006. p. 137-276. (Edição standard brasileira das obras psicológicas completas de Sigmund Freud, 10).
[6] LACAN, J. [1962-1963]. *O seminário, livro 10*: a angústia. Rio de Janeiro: Jorge Zahar Ed., 2005.
[7] LACAN, J. [1964]. *O seminário, livro 11*: os quatro conceitos fundamentais da psicanálise. Rio de Janeiro: Jorge Zahar Ed., 2008. p. 165.
[8] Ibidem, p. 176.
[9] LACAN, J. [1956-1957]. *O Seminário, livro 4*: a relação de objeto. Rio de Janeiro: Jorge Zahar Ed., 1995. p. 153.
[10] LACAN, J. [1966]. A ciência e a verdade. In: LACAN, J. *Escritos*. Rio de Janeiro: Jorge Zahar Ed., 1998. p. 875.

objeto *a* no campo do desejo, é um objeto especial, pois é sempre elidido no interior de relações intersubjetivas, especificando-se como sendo inapreensível.

Lacan,[11] tomando a obra de Maurice Merleau-Ponty, *O visível e o invisível*, estabelece que o sujeito, olhado de todos os lados, não passa de uma "mancha" no mundo. Se "as pulsões são, no corpo, o eco do fato de que há um dizer",[12] a linguagem, que preexiste ao sujeito, marca a anterioridade do olhar. E é isso que a mancha revela, "a preexistência, ao visto, de um dado a ver".[13] O sujeito, essa coisa visível, "está contido no grande espetáculo".[14]

Neste livro, Joyce Laudino conduz o leitor das concepções filosóficas acerca do olhar até esses desenvolvimentos aqui brevemente apresentados — e mais além. Em seu percurso teórico, revela que no campo escópico não há integração ou dialética, mas esquize, ruptura, hiância, que marca um descompasso entre o olho e o olhar. A partir da sua experiência clínica, passa da objetividade das teorias da percepção à objetalidade em psicanálise, abordando a relação das pessoas com deficiência visual com esse objeto que, em sua função fundante de instituir o sujeito ao nível do desejo, também os olha, os concerne e os constitui.

José Maurício Loures
Docente do Programa de Pós-Graduação Stricto Sensu em Psicanálise, Saúde e Sociedade da Universidade Veiga de Almeida (UVA). Professor e supervisor clínico do curso de Especialização em Psicologia Clínica da Pontifícia Universidade Católica do Rio de Janeiro (PUC-Rio). Membro do Fórum Rio da Escola de Psicanálise dos Fóruns do Campo Lacaniano (EPFCL-Brasil).

---

[11] LACAN, J. [1964]. *O seminário, livro 11*: os quatro conceitos fundamentais da psicanálise. Rio de Janeiro: Jorge Zahar Ed., 2008.

[12] LACAN, J. [1975-1976]. *O seminário, livro 23*: o sinthoma. Rio de Janeiro: Jorge Zahar, Ed., 2007. p. 18.

[13] LACAN, J. [1964]. *O seminário, livro 11*: os quatro conceitos fundamentais da psicanálise. Rio de Janeiro: Jorge Zahar Ed., 2008. p. 77.

[14] MERLEAU-PONTY, M. *O visível e o invisível*. Tradução de José Artur Gianotti e Armando Mora d'Oliveira. São Paulo: Perspectiva, 2014. p. 137.

Referências

FREUD, S. [1909]. Notas sobre um caso de neurose obsessiva. *In:* FREUD, S. *Duas histórias clínicas* (O "pequeno Hans" e o "Homem dos ratos"). Direção Jayme Salomão. Rio de Janeiro: Imago, 2006. p. 137-276. (Edição standard brasileira das obras psicológicas completas de Sigmund Freud, 10).

LACAN, J. [1956-1957]. *O Seminário, livro 4*: a relação de objeto. Rio de Janeiro: Jorge Zahar Ed., 1995.

LACAN, J. [1962-1963]. *O seminário, livro 10*: a angústia. Rio de Janeiro: Jorge Zahar Ed., 2005.

LACAN, J. [1963]. Kant com Sade. *In:* LACAN, J. *Escritos*. Rio de Janeiro: Jorge Zahar Ed., 1998. p. 776-803.

LACAN, J. [1964]. *O seminário, livro 11*: os quatro conceitos fundamentais da psicanálise. Rio de Janeiro: Jorge Zahar Ed., 2008.

LACAN, J. [1966]. A ciência e a verdade. *In:* LACAN, J. *Escritos*. Rio de Janeiro: Jorge Zahar Ed., 1998. p. 869-892.

LACAN, J. [1975-1976)]. *O seminário, livro 23*: o sinthoma. Rio de Janeiro: Jorge Zahar Ed., 2007.

MERLEAU-PONTY, M. *O visível e o invisível*. Tradução de José Artur Gianotti e Armando Mora d'Oliveira. São Paulo: Perspectiva, 2014.

APRESENTAÇÃO

Ao olhar é dado um destaque na apreensão do mundo, no conhecimento e na constituição do sujeito. Podemos averiguar que, com os mais diversos significados e encadeamentos, a alusão metafórica dos termos olhar, olho e visão é amiúde.

A sabedoria popular se apropria desse vocabulário nas mais variadas expressões, como "o amor é cego", "amor à primeira vista", "os olhos são as janelas da alma", "em terra de cego, quem tem um olho é rei", "mais cego é aquele que não quer ver", "olho por olho, dente por dente", "ver com bons olhos", "mau-olhado", "vi uma luz no fim do túnel", "visão de mundo", "ponto de vista", "menina dos olhos", "a beleza está nos olhos de quem vê". E, como diz São Tomé, "Só acredito vendo". A maioria dessas referências aponta para a articulação entre o ver e a relação do sujeito com o conhecimento do mundo, que faz com que o olho ocupe um lugar de evidência. Da mesma forma, é possível notar que a escuridão e a cegueira são utilizadas como metáforas na relação com a ignorância.

Na Antiguidade, a noção da cegueira era antagônica, pois era entendida tanto como consequência de um castigo, quanto uma dádiva divina. Havia superstições que envolviam os cegos. Uns eram temidos. Já outros, idolatrados, pois eram considerados sábios. Como Tirésias, famoso profeta da mitologia grega, que ficou cego após ser castigado por ter desvendado o segredo feminino, mas que foi recompensado com o dom de adivinhação.

Já na contemporaneidade, as ideias populares sobre a cegueira tendem a ser capacitistas e colocam em dúvida a capacidade de a pessoa com deficiência visual executar suas tarefas da vida diária, adquirir conhecimento e ter a noção do mundo externo, pois há ainda a concepção de que ver é sinônimo de saber.

Diante da primazia da visão, surge este livro *Outro olhar sobre a cegueira*. A escolha do título foi com a intenção de apontar para o grande Outro, que é o discurso do inconsciente, a fim de provocar uma reflexão sobre o olhar que está para além do imaginário, o Outro olhar, de onde se originam as determinações simbólicas do sujeito.

A partir da minha prática clínica com pessoas cegas e com baixa visão, diversas questões referentes ao olhar foram levantadas. O percurso de trabalho empreendido ao longo dos anos me instigou a buscar na filosofia as aparições sobre o olhar e suas diferentes perspectivas, bem como a percorrer novos caminhos, como o da arte.

Logo no primeiro capítulo, a relevância atribuída ao olhar na filosofia é apresentada com a intenção de apontar para a relação do ver e do conhecer. Para isso, serão expostos os pensamentos de três importantes filósofos: Platão, René Descartes e Maurice Merleau-Ponty. A partir do segundo capítulo, apresentarei uma revisão bibliográfica dos conceitos psicanalíticos que tratam o olhar como constituinte. Para esta compreensão, faz-se necessário distinguir o que é um corpo para a psicanálise do que é um corpo para medicina. E a partir disso diferenciar o olhar enquanto sentido visual do olhar conforme a psicanálise aborda. Essa distinção irá direcionar a leitura à crítica sobre os efeitos da ciência e do discurso do capitalista, que fomentam as ideias capacitistas de que a pessoa com deficiência é incapaz e improdutiva.

Para compreender o que é o olhar para a psicanálise, é imprescindível estudar o conceito de pulsão, suas características e organização, sendo, desse modo, direcionada à pulsão escópica e à relação com a cegueira. Para tal entendimento, serão apresentadas reflexões sobre a experiência clínica na modalidade on-line com deficientes visuais. E, por último, buscarei discorrer sobre o olhar enquanto objeto *a*. O terceiro capítulo será destinado às articulações entre a teoria e essa clínica tão particular que me levou às seguintes questões: qual é a dimensão da cegueira na subjetividade e na constituição do sujeito? A visão é uma condição para a constituição do sujeito e para a estruturação psíquica? O cego congênito vivencia o estádio do espelho, formador do Eu? A imagem só pode ser capturada pela visão? Para respondê-las, a proposta é investigar o processo de formação do eu e a imagem corporal em cegos. Abordarei, para tanto, o que Lacan define como estádio do espelho, trazendo à tona um questionamento sobre casos de pacientes com cegueira congênita bilateral: como ocorre o estádio do espelho para pessoas que nasceram cegas de ambos os olhos e que não possuem memórias visuais e nem mesmo a percepção da luz?

Uma vez concluído esse percurso, o último capítulo trará à baila questões referentes à autoimagem do cego, sua relação com a fotografia, o uso da internet e novas formas de subjetivação, enfatizando o uso do Instagram por deficientes visuais.

A relevância em estudar o tema apresentado está na intenção de produzir conhecimento não só para a comunidade acadêmica e psicanalítica. Mas também acentuar que, diante da cultura do capacitismo, que toma a pessoa com deficiência como incapaz, a psicanálise, com seu propósito ético, reforça a necessidade de desdobramentos políticos para a inclusão.

Joyce Laudino

SUMÁRIO

1
AS PERSPECTIVAS FILOSÓFICAS DO OLHAR 21
1.1 O OLHAR PLATÔNICO 22
1.2 O OLHAR CARTESIANO 30
1.3 O OLHAR SEGUNDO MERLEAU-PONTY 39

2
A PERSPECTIVA PSICANALÍTICA DO OLHAR 49
2.1 O OLHO: ENTRE A MEDICINA E A PSICANÁLISE 51
   2.1.1 Efeitos da ciência: capacitismo e segregação 59
2.2 PULSÃO DE OLHAR 65
   2.2.1 A pulsão escópica e a análise on-line de pessoas com deficiência visual 77
2.3 O OLHAR COMO OBJETO A 80

3
O OLHAR NO ESPELHO 99
3.1 O OLHAR NO ESPELHO D'ÁGUA 99
3.2 O ESQUEMA ÓPTICO E O ESTÁDIO DO ESPELHO 102
3.3 O QUE É UMA IMAGEM PARA A PSICANÁLISE? 114

4
SEM VISÃO, MAS HÁ OLHAR NA *SELFIE* 119
4.1 A PESSOA COM DEFICIÊNCIA VISUAL, A AUTOIMAGEM E A FOTOGRAFIA 119
4.2 O ESPETÁCULO DO OLHAR: O VER E SER VISTO NA CONTEMPORANEIDADE 122
4.3 O USO DO INSTAGRAM POR PESSOAS COM DEFICIÊNCIA VISUAL 126

CONSIDERAÇÕES FINAIS 133

POSFÁCIO 1 139

POSFÁCIO 2 143

REFERÊNCIAS 147

1

AS PERSPECTIVAS FILOSÓFICAS DO OLHAR

Desde a Antiguidade, muitos filósofos fazem menção ao termo olhar, seja na comparação com o espírito, com a luz ou com o Sol. Há também, na filosofia, uma paridade do olhar com o Bem, com o saber, com o conhecimento e uma aproximação com a intuição. E é essa multiplicidade que me instiga a começar o livro com uma apresentação de diferentes perspectivas de três importantes filósofos: Platão, Descartes e Merleau-Ponty, referenciados por Lacan em seu estudo sobre o olhar como um objeto *a*, articulando-as com a relação do olhar e a cegueira.

A temática do olhar é, tanto para Platão, quanto para Descartes, utilizada como uma metáfora para descrever o processo de conhecimento, mas cada um percorre um caminho para desenvolver seus pensamentos. Na obra de Platão, o interesse é a passagem do mito da caverna na tentativa de articular a escuridão e a falta do conhecimento do mundo externo com a experiência vivida por pessoas que possuem deficiência visual.

Em seguida, será elucidado o que, para Descartes, designa-se o ato de ver e sua relação com o conhecimento. A referência às experiências cartesianas e à articulação com o método psicanalítico aparece em diferentes momentos na obra de Freud e nos ensinos de Lacan. Ambos dialogaram com Descartes não só na formulação teórica, mas também na prática clínica. O filósofo representa, na sua época, uma nova concepção da experiência subjetiva, da ciência, que modificou a relação do sujeito com a verdade. Para Lacan, Descartes percebeu uma questão na implicação do sujeito com o saber, que está na relação do saber com a visão. Também é com Descartes, em *Dióptrica*, que buscarei elucidar, a partir de princípios da física, como a visão processa imagens.

Por fim, com base nas obras de Merleau-Ponty, serão abordadas as ideias propostas por ele que romperam com a tradição filosófica ao desvendar que o olhar é estrangeiro, no sentido de que ele não emana dos olhos do espectador, mas se faz presente na paisagem.

1.1 O OLHAR PLATÔNICO

Com Platão — filósofo e matemático do período da Grécia Antiga —, o olhar assume um caráter metafísico, que transcende a natureza orgânica da parte do corpo que tem a função de ver, o olho. Buscarei refletir sobre a aparição do termo olhar, seus sentidos e relações em uma das principais obras platônicas, *A República*. A obra é um exemplar composto por dez livros estruturados em forma de diálogos, tendo como personagem central Sócrates, mentor de Platão, que desenvolveu diversos temas e fundamentos filosóficos. Nela, encontrei três passagens que correlacionam o ver e o saber: as passagens do Sol, da linha seccionada e da caverna, a essa última darei destaque. No entanto, para melhor compreender a ideia platônica sobre o tema, retomarei brevemente as duas primeiras passagens.

No livro *V*, o tema em questão desponta pela primeira vez. Platão fala da visão e da audição como potências, bem como aponta que aquilo que é sensível só pode ser percebido pelo seu respectivo órgão. A partir dessa lógica, acentua-se que à visão cabe as cores; à audição, o som, e, ao paladar, o sabor. Entretanto, para ele, a responsabilidade de reunir as diferentes percepções é da alma.

Platão retoma o que aborda em *Timeu*, ao dar um lugar privilegiado à visão em sua relação com o saber no *Livro VI*. Evidencia a função e o mecanismo da visão para distingui-la dos outros sentidos a partir da necessidade de um terceiro elemento entre o ver e o visto: a luz, como expõe Quinet.[15]

---
[15] QUINET, A. *Um Olhar a Mais*: ver e ser visto na psicanálise. Rio de Janeiro: Jorge Zahar Ed., 2002.

Tal ideia permanece no livro seguinte, que revisitarei com o interesse em apresentar e articular aquilo que Platão julga ser a importância do olhar na apreensão do mundo e, consequentemente, na aquisição do saber. A intenção é correlacionar as experiências do homem da alegoria da caverna com as vivências dos deficientes visuais em um mundo, que ainda hoje coloca o sentido visual num lugar de destaque.

O mito da caverna, apresentado no *Livro VII*, é uma das passagens escritas por Platão mais famosa e nela está exposto o diálogo entre Sócrates e Glauco, irmão de Platão. Trata-se de uma narrativa sobre homens que passaram a vida reclusos, permanecendo inertes, com seus corpos acorrentados em uma caverna escura sem qualquer contato com o mundo externo. Platão discorre, por meio de metáforas, a condição de ignorância que vivem aqueles que são aprisionados pelos sentidos que os impedem de conhecer a verdade para além daquilo que está posto.

Mediante descrição das cenas elucidadas por Sócrates, compreendemos que os prisioneiros permaneciam todo tempo virados para o fundo da caverna e que atrás deles havia uma parede e uma fogueira acesa, que, com a chama do fogo, iluminava quem por ali passava, assim como as coisas que transportavam. A parede impedia que os presos notassem o que realmente se deslocava e a única coisa que eram capazes de perceber eram as sombras projetadas pelo reflexo da luz externa. Conforme descreveu Sócrates a Glauco:

> Pense em homens encerrados numa caverna, dotada de uma abertura que permite a entrada de luz em toda extensão da parede maior. Encerrados nela desde a infância, acorrentados por grilhões nas pernas e no pescoço que os obrigam a ficar imóveis, podem olhar para a frente, porquanto as correntes no pescoço os impedem de virar a cabeça. Atrás e por sobre eles, brilha a certa distância uma chama. Entre esta e os prisioneiros delineia-se uma estrada em aclive, ao longo da

23

qual existe um pequeno muro, parecido com os tabiques que os saltimbancos utilizam para mostrar ao público suas artes.[16]

A passagem apresenta que, num primeiro momento, aqueles que viviam enclausurados na caverna só eram capazes de observar as sombras na parede como sombras de marionetes, sem ter o discernimento do que verdadeiramente era refletido. Para eles, tudo que havia no mundo eram aquelas sombras.

A partir dessa passagem, surgem as primeiras indagações relacionadas ao tema do livro: da mesma forma é para o deficiente visual? Aquele que com baixa visão enxerga somente vultos ou aqueles que nem vultos percebem e vivem na escuridão estariam condenados a viver "na caverna" sem ter o discernimento do que há no mundo externo?

É pertinente retomar a questão de Sócrates sobre a possibilidade de os homens da caverna falarem sobre o que percebiam. Perguntou ele a Glauco: "Supondo que pudessem falar, você não acha que considerariam reais as figuras que estão vendo?"[17] Consideramos aqui a importância da fala para aqueles homens, que, na escuridão, estavam cegos. Se eles conversassem entre si sobre o que notavam, poderiam atribuir novos sentidos a respeito das sombras que passavam na parede diante de seus olhos e imaginar o que elas representavam e, com isso, poderiam dar nomes às coisas que viam. A partir desse ponto, é possível pensar na importância da linguagem para que o cego conheça o que há no mundo externo.

Mas com a pessoa que enxerga também não acontece dessa forma? Precisamos que nos digam que uma maçã é uma maçã. O que aponta que não é a apreensão visual que nos leva ao conhecimento do mundo, mas, sim, a linguagem, dado que a mediação as coisas do mundo visível e a palavra só se torna viável em virtude do simbólico.

---
[16] PLATÃO. *A República*. Tradução de Ciro Mioranza. São Paulo: Lafonte, 2017. p. 237.
[17] *Ibidem*, p. 238.

Sócrates considera que, num primeiro momento, um homem preso em uma caverna por toda vida, ao libertar-se e ir até o lado de fora da caverna, ficaria confuso e seria incapaz de perceber aquilo que antes eram apenas sombras.

> Vamos ver agora o que poderia significar para eles a eventual libertação das correntes e da ignorância. Um prisioneiro que fosse libertado e obrigado a se levantar, a virar a cabeça, a caminhar e erguer os olhos para a luz, haveria de sofrer ao tentar fazer tudo isso, ficaria aturdido e seria incapaz de discernir aquilo de que antes só via a sombra. Se a ele se dissesse que antes via somente as aparências e que agora poderia ver melhor porque seu olhar está mais próximo da realidade e voltado para objetos bem reais; se lhe fosse mostrado cada um dos objetos que desfiam e se fosse obrigado com algumas perguntas a responder o que seria isso, como você acha que ele haveria de se comportar? Você não acha que ficaria atordoado e haveria de considerar as coisas que via antes mais verdadeiras de que aquelas que lhe são mostradas agora?[18]

Esse trecho nos remete ao período de adaptação à claridade que o homem da caverna passou e ao período que a pessoa com deficiência visual passa nas instituições de reabilitação com o objetivo de adaptar-se ao mundo. Sócrates apontou que seria necessário um tempo para que o homem que nunca viu a luz pudesse se habituar, pois, logo ao sair da caverna, ele se sentiria ofuscado, cegado pelo clarão, causando-lhe um incômodo nos olhos a ponto de não conseguir abri-los por algum tempo até que se acostumasse. Diferente daquele que nasceu cego, a pessoa que perde a capacidade de enxergar ao longo da vida passa também por esse período para adequar-se à sua nova realidade.

Ainda sobre a relação do olho e claridade, surge outra importante reflexão quando Sócrates questiona: "Se aquele homem tivesse de descer novamente e retomar seu lugar, não haveria de sentir os

---

[18] PLATÃO. *A República*. Tradução de Ciro Mioranza. São Paulo: Lafonte, 2017. p. 238.

olhos doloridos por causa da escuridão, vindo inopinadamente do sol?"[19] Ele elucida que os olhos podem se confundir na ausência e na presença da luz. E diz: "[...] as perturbações que afetam os olhos são de dois tipos e têm duas causas: a passagem da luz para a sombra e aquela da sombra para a luz".[20]

Sair de um quarto escuro e imediatamente se expor a uma luz forte faz com que sejamos impedidos de abrir os olhos e sermos incapazes de observar o que está em nossa volta. E o motivo desse impedimento é a luz, antes ausente. No entanto, após um tempo num ambiente iluminado, nos acostumamos com a claridade, por isso, conseguimos gradativamente abrir os olhos e observar o que há ao redor. Assim foi com o homem da caverna.

Entende-se que, para Platão, não é o olho que torna as coisas em suas cores e tampouco a inteligência, o que torna as coisas sensíveis à visão é a luz que vem do exterior. A potência de ver e ser visto é a única que demanda a presença de outro elemento além do órgão do sentido visual, ou seja, além dos olhos e dos próprios objetos do mundo visível. Esse elemento essencial é a luz, pois, sem ela, os olhos são incapazes de enxergar qualquer coisa. A visão, portanto, não implica ato da percepção, já que depende de outro elemento independente do olho. A visão depende da luz, conforme Quinet aponta, "O alto valor da Luz reside em função da ligação entre a sensação do ver e a propriedade de ser visto. A luz faz existir a visão e os visíveis. O Sol é o deus responsável pelo domínio da luz. A visão é caracterizada pela luz".[21]

O papel da luz é, para Platão, levar o homem ao conhecimento. A saída da escuridão representa a busca pelo conhecimento por meio da luz, responsável por libertá-lo da prisão imposta pela ignorância. O mito da caverna leva à compreensão de que a ignorância não significa falta de conhecimento, mas, sim, cegueira e estupidez dos

---

[19] Ibidem, p. 240.
[20] Ibidem, p. 241.
[21] QUINET, A. Um Olhar a Mais: ver e ser visto na psicanálise. Rio de Janeiro: Jorge Zahar Ed., 2002. p. 21.

homens em permanecerem paralisados e não se libertarem em busca de conhecer o mundo que há para além das sombras da caverna. Quinet diz que:

> Na passagem da caverna, Platão descreve o estado inicial de ignorância dos homens que não vêem nada além do mundo sensível e o processo de conhecimento rumo ao inteligível. Essa famosa passagem é estruturada como um mundo de visão: o sujeito inicialmente percebe os objetos num jogo de luz e sombra e, em seguida, caminha da escuridão para a claridade, das trevas para o Sol, da cegueira para o deslumbramento.[22]

Platão pondera sobre a renúncia do comodismo, da conveniência, da zona de conforto ao considerar a relevância da busca pelo conhecimento em detrimento ao mundo das aparências, do senso comum no qual estamos acostumados a viver. Para ele, as aparências aprisionam os indivíduos, como as sombras na parede da caverna, que simbolizam as imitações daquilo que é, de fato, real e são as crenças baseadas nas aparências que nos impede de buscar a verdade.

É adequado registrar que a cultura do capacitismo subestima a capacidade da pessoa com deficiência, tomando-a como incapaz de sair da posição à qual estaria fadada. Portanto, as ideias capacitistas são como correntes que podem aprisionar a pessoa com deficiência, impedindo-a de sair em busca do conhecimento e de usufruir o que há no mundo.

Da mesma forma, o homem da caverna, ao abandonar a posição à qual já estava habituado para sair em busca do conhecimento do que havia do lado de fora daquele lugar obscuro, sentiu-se incomodado com o clarão. Esse motivo poderia fazê-lo desistir e até mesmo considerar o retorno à caverna, ambiente que, para ele, era cômodo.

A alegoria da caverna nos mostra que o homem liberto, mesmo com dificuldades ao ter contato com a luz, passou por um estado de confusão e, de forma gradativa, conseguiu abrir os olhos e vivenciar

---

[22] *Ibidem*, p. 23.

experiências visuais que o levaram à discriminação do que antes eram somente sombras da realidade e, desse modo, alcançou o conhecimento daquilo que havia no mundo exterior.

Após um tempo, quando em direção ao Sol dirigiu seus olhos, o homem da caverna foi capaz de discernir que a luz que alumiava o mundo exterior era o Sol. E passou a relacionar que a existência do mundo se devia ao astro. Conforme aponta Sócrates: "Depois passaria a refletir que é o sol que produz as estações e os anos, que governa todos os fenômenos do mundo visível e que, de algum modo, é ele a verdadeira causa daquilo que os prisioneiros viam".[23]

A saída da caverna pressupõe o rompimento dos antigos hábitos e a busca pelo conhecimento. A luz do Sol pode ofuscar aquele que não está habituado, mas é o único elemento capaz de iluminar tudo aquilo que existe no mundo, e é ela a origem do conhecimento. Para Platão, é a dependência da visão em relação ao Sol que permite que ele seja tomado como a imagem do Bem.

Platão, influenciado pelas ideias socráticas, traçou um paralelo entre o olho e o espírito para explicar o visível, e estabeleceu a importância da Luz e sua relação com o Bem com base na analogia solar posta em evidência. O Sol é tomado, em *A República*, como análogo ao Bem. Ao astro, foi atribuída a soberania sobre os demais na produção da Luz, pois dele vem a luz mais potente emanada sobre as coisas da Terra. Parte dessa relação é a primazia dada à visão sobre os outros sentidos.

Para o filósofo, o Sol influencia a visão para as coisas sensíveis, podendo extrair daí uma teoria da percepção e da visão especificamente. Pois, para que as coisas sensíveis sejam percebidas pelo olho, é necessário que haja luz, que advém do Sol. Diferente de outros sentidos que não dependem de outro meio, a visão tem uma relação de dependência com a luz. "Quando um objeto sensível toca o campo luminoso, assim formado, produz-se um movimento que é transmitido através do corpo até a alma, e que nos traz a sensação

---

[23] PLATÃO. *A República*. Tradução de Ciro Mioranza. São Paulo: Lafonte, 2017. p. 239.

pela qual dizemos haver visão".[24] Ou seja, somente pela luz podemos ver e sermos vistos. O olho só é capaz de apreender as imagens por meio dela.

Devido à dependência da luminosidade, na ausência da luz os olhos são considerados fracos, quase cegos, e não as coisas que são destituídas de suas características. Para Platão, as cores pertencem aos objetos, pois, na falta da luz, elas não deixam de existir por não serem vistas. Nessa lógica, aquilo que vemos não é posto em dúvida, já que são características relativas aos objetos, e não da capacidade de percepção do homem. Independente se os percebemos ou não, os objetos do mundo sensível existem. Conforme diz Lebrun,[25] na ausência do Sol e da luz por ele irradiada, o olho é como que cego Quinet salienta que:

> Com relação ao mundo inteligível, as coisas visíveis são cópias, como as imagens o são das coisas visíveis. O mito da caverna torna explícito o artifício do mundo sensível, que, nesse sentido é um simulacro como as imagens. Assim, o mito da caverna aproxima — sob a rubrica do falso, do artifício, do simulacro — coisa visível e imagem, percepção e imaginação. Nesse nível, o olhar está ausente, o homem da caverna é cego.[26]

O mito da caverna evidencia alguns pressupostos da descrição que Platão faz da visão e permite pensar, a partir dos diferentes momentos da narrativa, na relação entre a visão e o conhecimento. Ao poder de ver é dado um lugar privilegiado na apreensão do mundo, havendo, portanto, uma relação da percepção com a cognição. O filósofo explica o olhar por meio da metafísica e toma a capacidade de ver como uma metáfora para descrever o processo de conhecimento.

---

[24] LEBRUN, G. Sombra e luz em Platão. In: NOVAES, A. (org.) O olhar. São Paulo: Companhia das Letras, 1988. p. 24-25.
[25] Ibidem.
[26] QUINET, A. Um Olhar a Mais: ver e ser visto na psicanálise. Rio de Janeiro: Jorge Zahar Ed., 2002. p. 24.

A metáfora do mito da caverna se configura por princípios antagônicos, uma vez que a narrativa se apresenta a partir da relação entre a escuridão e ignorância, a luz e o conhecimento e, sobretudo, entre a aparência e realidade, fundamental para a teoria do Mundo das Ideias.

1.2 O OLHAR CARTESIANO

Apesar de Descartes (1596-1650), filósofo e matemático francês, relacionar o olhar ao conhecimento, assim como Platão o faz, a ideia cartesiana diverge da platônica no que diz respeito à responsabilidade da luz como a causa da visão. Para Descartes, a luminosidade deixa de ser fundamental para o sentido visual. A sua concepção refere-se à sabedoria do homem como responsável pelo discernimento do que há no mundo. Não há, portanto, a dependência dos olhos para que possamos conhecer os objetos. Quinet diz que:

> Se na Antiguidade a luz é o que confere a especificidade ao campo escópico, essa referência à luminosidade desaparecerá a partir de Descartes, quando a ótica da era da ciência terá por base a geometria. A ótica do visível dará lugar a uma ótica cega [...].[27]

Posto isso, qual é a conotação do olhar cartesiano e a sua relação com a aquisição do saber? O olhar continuará a ser empregado como uma metáfora do saber, mas, a partir do *Discurso do método* (1637/2021), que funda a razão cartesiana, o olhar é referido com base no discurso da ciência.

Descartes se dedicou ao mecanismo da visão como uma aplicação direta do método. Quinet refere-se ao cogito da visão da seguinte maneira: *"eu penso, logo eu vejo,* completado por *eu vejo, logo eu sou".*[28]

Somos seres dotados de olfato, paladar, visão, audição e tato, mas será que há algo que escapa a esses cinco sentidos? Os filósofos, imersos no problema da percepção, buscavam compreender

---

[27] *Ibidem,* p. 22.
[28] *Ibidem,* p. 28.

se o mundo percebido corresponde, de fato, à realidade externa. Para Descartes, "Toda a conduta de nossa vida depende de nossos sentidos, e como a visão é o mais universal e o mais nobre de todos os sentidos".[29]

Descartes (1641/2016), em *Meditações Metafísicas*, desenvolve ideias sobre o exercício da dúvida aplicada às opiniões e aos sentidos. O filósofo descarta os sentidos, pois eles são enganadores. Logo, o que vejo não diz sobre o que sou. Ele aponta que, mesmo que enganados pelos sentidos, há algo que não se pode duvidar. É por meio da dúvida que Descartes chega à única certeza, de que pensa. E é no pensar que provamos nossa existência. O sujeito da razão considera tudo que passa pelo pensamento como verdadeiro. Essa é a ideia que indica o desenvolvimento da ciência moderna.[30]

A cena da cera, descrita neste livro, serve para ilustrar e trazer entendimento da relação dos sentidos com a dúvida. Descartes descreve uma passagem na qual estaria sentado perto do fogo e supõe que estivesse dormindo. Ele salienta que os pensamentos sobre o que se passava eram imaginações e segue em busca por algo indubitável.

A cera mudando de textura ao se aproximar do fogo, que ele usa como experimento, o leva a concluir que seus sentidos perceberam que o estado da cera era diferente nos dois momentos. No primeiro tempo, a cera estava sólida e, ao se aproximar do fogo, tornava-se líquida. Ele se certifica de que, mesmo se apresentando em estados diferentes, há algo que permanece, que se trata da concepção sobre o que é a cera.

Descartes pondera que a ilustração da cera não passa pela faculdade de imaginar. Ele supõe que percebeu a cera somente pelo sentido visual e, com isso, ele aplica o método da dúvida, que nega os sentidos, constatando que o que permanece é a ideia sobre o que é a cera. Para ele:

---
[29] DESCARTES, R. [1637]. *Discurso do método*. Tradução de Paulo Neves. Porto Alegre: L&PM, 2021. p. 451.
[30] QUINET, A. *A descoberta do inconsciente*: do desejo ao sintoma. Rio de Janeiro: Jorge Zahar Ed., 2000.

[...] concebemos os corpos somente pela faculdade do entendimento que está em nós e não pela imaginação nem pelos sentidos, e que não os conhecemos devido ao fato de os vermos, ou devido ao fato de os tocarmos, mas somente devido ao fato de os concebermos pelo pensamento [...].[31]

O estudioso aponta que o que ele observou a partir da experiência da cera é aplicável a todas as coisas que são externas a ele: "[...] e descubro aqui que o pensamento é um atributo que me pertence: unicamente ele não pode ser destacado de mim. *Eu sou, eu existo*: isso é certo".[32]

Quinet[33] explica que a visão é excluída, desqualificada e, por meio do pensamento que é cego, podemos ver. Ele pontua que a visão não define o objeto, porque sua imagem não é idêntica a ele. Por consequência, o objeto percebido se afasta da percepção, restando somente à razão. O autor afirma que "imaginar não é outra coisa senão contemplar a forma ou a imagem de uma coisa corporal".[34] E elucida que tanto a visão quanto a imaginação são enganosas, pois as qualidades do objeto conferidas pelos sentidos e pela imaginação não nos dão a certeza do que se trata. Apenas a razão é capaz de tornar as coisas visíveis. O autor reforça que o olho está ligado a *res cogitans*, em que o eu do cogito cartesiano é doravante instrumentalizado. A propriedade do pensamento de nos permitir tomar conhecimento do que há no mundo faz dele um sentido a mais, além dos cinco sentidos que já conhecemos. "O pensamento adquire uma vista: ele pode ver".[35]

Descartes reforça que:

> Mas o que é de se notar, sua percepção, ou melhor, a ação pela qual é percebida não é uma visão, nem um toque, nem uma imaginação, e jamais o foi, embora assim o parecesse anteriormente, mas somente uma inspeção intelectual [...].[36]

---

[31] DESCARTES, R. [1641]. *Meditações metafísicas*. Tradução de Edson Bini. São Paulo: Edipro, 2016. p. 52.
[32] *Ibidem*, p. 44.
[33] QUINET, A. *Um Olhar a Mais*: ver e ser visto na psicanálise. Rio de Janeiro: Jorge Zahar Ed., 2002.
[34] *Ibidem*, p. 31.
[35] *Ibidem*, p. 28.
[36] DESCARTES, R. [1641]. *Meditações metafísicas*. Tradução de Edson Bini. São Paulo: Edipro, 2016. p. 49.

É possível compreender que, na perspectiva cartesiana, o pensamento assume o destaque. Mas, ainda assim, o tema da visão surge em diferentes obras do filósofo. Em *O mundo*, Descartes descreve detalhadamente, a partir de um estudo sobre a luz, os aspectos estruturais e funcionais do olho, órgão concernente ao sentido visual. Mas é na *Dióptrica* que irá expor uma apresentação minuciosa do seu estudo sobre a formação das imagens no fundo do olho e o modo que a visão ocorre. Também irá descrever as partes do olho e enfatizar a refração da luz para a formação das imagens daquilo que vemos. Nesse texto, Descartes dedica-se aos sentidos em geral e explica o movimento e as sensações, definindo como a sede dos sentidos não mais o corpo, e sim a alma, que, segundo ele, encontra-se no cérebro, e por isso altera a forma de pensar as relações entre homem e o mundo. Descartes põe a visão em dúvida ao revelar seus erros e enganos. Esclarece Quinet:

> A elaboração de uma ciência da visão, a ótica tal como a conhecemos hoje, só foi possível com o surgimento da ciência física da luz a partir da descoberta de Kepler, no início do século XVII, do mecanismo da visão pela formação de uma imagem real sobre a retina. Isto permitiu a Descartes, com a Dióptrica e seus desenvolvimentos metafísicos, postular a oposição conceitual do sujeito que percebe e do objeto percebido. A ciência da visão, com as descobertas anatômicas e das propriedades da luz seguirá daí em diante um caminho independente das elaborações filosóficas.[37]

Antes dos estudos de Kepler sobre a ótica, o olho possuía a potência de olhar, ele era o responsável pela visão, que seria produzida a partir de uma "luz que sai do olho". A teoria kepleriana aponta que, na verdade, o olho refrata os raios luminosos emitidos pelos objetos.

Por meio da analogia do corpo como uma máquina, Descartes utiliza o princípio da câmera escura, conhecido desde Aristóteles, e que Johannes Kepler (1571-1630), astrônomo e matemático, uti-

---

[37] QUINET, A. *Um Olhar a Mais*: ver e ser visto na psicanálise. Rio de Janeiro: Jorge Zahar Ed., 2002. p. 19.

lizou para comparar o olho humano com uma câmera rudimentar a fim de explicar a formação da imagem. Como um aparato utilizado por astrônomos para observar os eclipses, a câmera escura é um compartimento com apenas um orifício em um dos lados por onde passavam os feixes de luz, que, quando projetados sobre um objeto, reflete, por meio da convergência da luz, uma imagem invertida em uma tela no lado oposto ao furo. O modelo da câmera escura é adotado para explicar o olho, de modo que cada parte do órgão corresponda a uma peça da câmera, como o globo ocular se refere ao compartimento escuro, à íris e ao orifício, e a retina é comparada à tela sobre a qual as imagens são projetadas. Conforme detalha Quinet:

> Em 1604, Kepler descobre o fundamento físico e anatômico da visão: a formação de uma imagem real sobre a retina produzida pela convergência dos raios luminosos que atravessam o cristalino, concebido como uma lente. O olho se torna então um dispositivo ótico, conforme o princípio dos aparelhos fotográficos: uma câmera escura com uma abertura, a pupila, um diafragma, a íris, uma objetiva convergente, o cristalino, e a tela onde se forma a imagem, a retina.[38]

A teoria de Kepler explica o funcionamento da visão pela convergência dos raios causados pela refração. A captura da imagem pelo olho ocorre a partir dos raios luminosos incidirem sobre a íris e projetarem, na retina, uma imagem invertida e menor que o objeto real. A propagação dessa imagem se dá por meio dos nervos ao cérebro, que é o responsável pela correção da imagem distorcida.

Mas Descartes vai além do que foi afirmado por Kepler para explicar a respeito da transmissão da imagem ao cérebro. Em *Dióptrica*, refere-se à incidência dos raios luminosos sobre o olho, que segue o mesmo princípio da refração. Por meio da geometria, ele considera a visão a partir dos ângulos e da refração dos raios lumi-

---
[38] *Ibidem*, p. 27.

nosos, e destaca a função dos nervos ópticos para a formação das imagens dos objetos no cérebro. Ele interpreta a maneira pela qual ocorre a transmissão da imagem, considerando a ação da luminosidade e o que ela desencadeia no corpo a fim de possibilitar a visão, sendo o ponto central a função do nervo óptico na passagem da imagem que ultrapassa a retina até a sua representação que se forma no cérebro. Portanto, para Descartes, o destaque está na transmissão das imagens ao cérebro pelos nervos.

O filósofo explica que os objetos que vemos imprimem as imagens no fundo do olho, que se formam a partir da refração dos raios luminosos sobre o objeto original. Ele ressalta que esses raios refletem a imagem que aparece de forma invertida no fundo do olho. A partir desse processo, os nervos levam a imagem invertida ao cérebro, formando outra representação da imagem original.

Logo, a imagem no cérebro não se assemelha, em todos os aspectos, aos objetos representados, levando em conta a inversão, o ângulo, a distância. Essa não é, portanto, uma imagem fiel. Quanto mais distante está um objeto do olho do espectador, menor é o ângulo de visão e, consequentemente, menor é a imagem projetada, e quanto mais próximo está o objeto de quem observa, maior será a imagem projetada. O tamanho da imagem que formamos de um objeto é inversamente proporcional à distância pela qual o observamos. Ele mostra que a imagem projetada era menor do que o objeto real, a posição era invertida e que essa distorção seria corrigida pelo cérebro. Dessa forma, a teoria cartesiana rejeita a ideia de similitude entre o objeto e a imagem capturada.

A ideia principal que precisamos para pensar no tema em questão é que, ainda que a pessoa não possua qualquer deficiência visual, ela irá capturar, por meio da visão, uma imagem que não corresponde ao objeto real. Todos nós enxergamos de forma distorcida. Quanto mais próximo está um objeto de quem o observa, maior será a imagem projetada, e quanto mais distante está um objeto do olho de seu observador, menor é o ângulo de visão e, por consequência, menor é a imagem projetada.

35

O conhecimento do funcionamento do olho é a base para a interpretação de Descartes sobre a relação do homem com o mundo, que não está pautada na similitude entre a representação e o representado. A dessemelhança é um ponto fundamental na constituição da imagem dos objetos, uma vez que a imagem é projetada no fundo do olho de forma invertida. Não há correspondência absoluta do objeto original, pois o que chega à nossa percepção é uma representação daquilo que o olho capturou.

Descartes emprega a palavra pintura para referir-se à imagem na retina, que é comparada à tela da câmera escura. É preciso considerar o processo de refração na relação entre o objeto original e a pintura que se forma internamente. Essa pintura não apresenta semelhança, mas representa os objetos em perspectivas, pois ocorre uma inversão, uma desfiguração.

O filósofo enfatiza, em diversas passagens, que não é o olho que vê, mas, sim, a alma. Para ele, a alma tem esse papel, mas isso não ocorre imediatamente. É por intermédio dos nervos que levam a representações das figuras formadas para o cérebro. Dessa forma, é o cérebro o responsável pela percepção visual. Quinet assinala que:

> Com Descartes, o mundo do mais-de-olhar desaparece para dar lugar à razão cega, em que os raios do olhar são substituídos pela física, pela métrica e em seguida pela geometria. Do olhar, só restará sua metáfora: ele será reduzido à metáfora do conhecimento.[39]

Em *Dióptrica*, Descartes trata a luz como ponto de discussão ao fazer analogia à bengala dos cegos. Conforme apresenta Quinet, o filósofo "utiliza a cegueira para abordar a visão: os raios luminosos são como bengala para os cegos que vêem através das mãos: é o órgão do sexto sentido que supre a falta da vista".[40] Deste modo, a luz é reduzida à ação da bengala do cego.

---

[39] QUINET, A. *Um Olhar a Mais*: ver e ser visto na psicanálise. Rio de Janeiro: Jorge Zahar Ed., 2002. p. 27.
[40] *Ibidem*, p. 29.

Descartes diz que: "[...] como nosso cego pode sentir os corpos que estão em torno dele, não somente pela ação desses corpos, quando eles se movem contra sua bengala, mas também pela ação de sua mão [...]".[41]

A analogia feita por Descartes ao comparar a bengala com o sentido visual e descrevê-la como uma extensão do corpo me remete ao uso da bengala pelos pacientes da reabilitação e ao treinamento feito pelo setor de terapia ocupacional para apurar os sentidos remanescentes.

A bengala é feita de alumínio, material leve e resistente. A sua medida deve ser adequada à altura do usuário, levando em conta a distância que vai da altura do abdômen até o solo. Ela possui a ponta inferior arredondada para que possa deslizar no chão. E o seu uso é feito por uma das mãos, devendo ser utilizada como uma extensão do dedo indicador. Descartes descreve que, quando o cego

> [...] toca alguns corpos por meio de sua bengala, é certo que esses corpos não enviam outra coisa até ele, senão que, fazendo mover diversamente seu bastão segundo as diferentes qualidades que estão neles, eles movem pelo mesmo meio os nervos de sua mão e, em seguida, os lugares de seu cérebro de onde vêm esses nervos; o que dá ocasião a sua alma de sentir tantas qualidades diferentes nesses corpos, quantas são as variedades que se encontram nos movimentos que são causados por eles em seu cérebro.[42]

Como o filósofo descreveu, a bengala é uma extensão do corpo, utilizada para sondar, por meio da percepção tátil-cinestésica, o espaço à frente a fim de detectar as condições do piso, se há obstáculos, buracos, subidas ou descidas, protegendo, assim, a pessoa contra

---

[41] DESCARTES, R. [1637]. A dióptrica: discursos I, II, III, IV e VIII. *Sci. stud.*, São Paulo, v. 8, n. 3, p. 451-486, set. 2010. Disponível em: https://www.scielo.br/j/ss/a/6TRKK3TPYNRP773jtx38Qtg/?lang=pt. Acesso em: 25 abr. 2021. p. 454.

[42] *Ibidem*, p. 469.

quedas e colisões, além de também ajudar na localização dos pontos de referência na orientação espacial. As técnicas empregadas para o uso da bengala têm como objetivo proporcionar que a locomoção da pessoa com deficiência visual seja de forma segura, eficiente e independente tanto em ambientes internos, quanto externos, mas elas também levam ao cego o conhecimento do que está em sua volta. Diz Descartes:

> E, certamente, algumas vezes vos ocorreu, ao caminhar à noite sem tocha por lugares um pouco difíceis, que seria necessário o auxílio de uma bengala para vos conduzir; teríeis então podido constatar que se sente, pela extremidade da bengala os diferentes objetos que se encontravam ao vosso entorno; e até mesmo que vós poderíeis distinguir se havia árvores, pedras, areia, água, grama, lama, ou qualquer outra coisa semelhante. É verdade que esse tipo de sentimento é um pouco confuso e obscuro naqueles que não utilizam frequentemente a bengala ou que a usam pouco. Mas, considerando aqui aqueles que nasceram cegos e serviram-se da bengala durante toda sua vida, encontrareis neles um uso tão perfeito e tão exato que se poderá quase dizer que eles veem pelas mãos, ou que a bengala deles é o órgão de algum sexto sentido, que lhes foi dado na falta da visão.[43]

As pessoas que não possuem deficiência visual percebem boa parte da realidade à sua volta por meio da visão, mas isso não significa que seja a única forma de percepção, de alcançar o conhecimento daquilo que há no mundo e de se orientar no espaço. As pessoas com deficiência visual utilizam as outras percepções sensoriais. Além da bengala como uma extensão do corpo, há também o uso dos sentidos remanescentes, aqueles que não envolvem a percepção visual, como a audição, o tato, o olfato e a cinestesia.

Descartes acentua que não é o corpo o responsável pelo que sentimos, mas, sim, a alma. A alma, que ele localiza no cérebro, levará ao conhecimento das coisas. O filósofo aponta que, se

---

[43] *Ibidem*, p. 453.

houver uma lesão cerebral, os sentidos podem estar comprometidos. Portanto, para ele, o olho não é mais o responsável pelo ato de ver.

1.3 O OLHAR SEGUNDO MERLEAU-PONTY

Esta parte do livro é dedicada à apresentação da perspectiva do filósofo francês Maurice Merleau-Ponty (1908-1961) sobre as relações entre corpo, percepção e conhecimento, que coaduna com a ideia lacaniana sobre o olhar. Utilizei como referências as obras: *Fenomenologia da Percepção* (1945/2018), *O primado da percepção e suas consequências filosóficas* (1946/2017), *O olho e o espírito* (1960/2004) e *O visível e o invisível* (1964/2014). Darei destaque ao penúltimo texto citado, com a intenção de compreender as articulações feitas por Lacan, em especial no artigo que dedica para falar sobre Merleau-Ponty, publicado nos *Outros Escritos*. Com base nesse trabalho do filósofo, afirma Lacan que é "O olho, tomado aqui por centro de uma revisão do estatuto do espírito [...]".[44]

Os estudos de Merleau-Ponty apresentam contrastes significativos em relação ao dualismo cartesiano mente-corpo. No texto *O olho e o espírito*, o autor faz uma crítica à ciência moderna. Diferente da ideia de Descartes, que toma o pensamento como o responsável pela apreensão do que há no mundo, Merleau-Ponty aponta que o corpo é uma condição para as experiências do homem, havendo, portanto, a primazia da percepção. Como ele diz: "Perceber é tornar algo presente a si com a ajuda do corpo [...]".[45]

Merleau-Ponty se debruça na discussão sobre a visão ao questionar o modo como o corpo sente e interage com o meio externo e salienta que a via de acesso para o mundo se dá pela percepção, que tem uma dimensão ativa e constituinte. A partir da sua base fenomenológica, o filósofo não concebe a visão como uma operação do

---

[44] LACAN, J. [1961]. Maurice Merleau-Ponty. In: LACAN, J. *Outros Escritos*. Rio de Janeiro: Jorge Zahar, 2003. p. 184.

[45] MERLEAU-PONTY, M. [1946]. *O primado da percepção e suas consequências filosóficas*. Tradução de Sílvio Rosa Filho e Thiago Martins. Belo Horizonte: Autêntica Editora, 2017. p. 77.

pensamento. Ou seja, para ele, não é o pensamento que irá produzir uma representação do que há no mundo, mas, sim, refere-se ao olho como fundamental. Para ele, o vidente se abre às experiências ao se aproximar do mundo por meio do olhar.

Merleau-Ponty,[46] por intermédio da revisão do conceito de sensação, faz uma crítica à percepção, sua relação com o corpo e com o mundo externo. Ele aponta que percepção e sensação são diferentes, mas que, para compreender a percepção, a noção de sensação é fundamental devido à relação entre elas.

A sensação não é uma qualidade, nem a consciência dessa qualidade. A qualidade pertence ao objeto. As sensações, como explica Merleau-Ponty, são compreendidas em movimento. "A cor, antes de ser vista, anuncia-se então pela experiência de certa atitude de corpo que só convém a ela e com determinada precisão".[47] Essa compreensão de sensação modifica a ideia de percepção, que, na perspectiva fenomenológica, refere-se à apreensão do sentido pelo corpo.

Considera-se que deve haver uma disposição corporal dos órgãos responsáveis pelos sentidos para captar as qualidades que os objetos do mundo externo possuem. Após captar essas qualidades ocorre à apreensão daquilo que foi sentido, primeiro sentimos e depois percebemos. A percepção seria, então, um processo secundário para o conhecimento do que há no mundo e dependente das sensações, e, logo, dos órgãos como o olho. Desse modo, compreendemos que a percepção é a tomada de consciência do objeto apreendido a partir das sensações. Mas a percepção não é simplesmente uma representação do objeto capturado na mente. Por depender da experiência corporal, a percepção é uma expressão criadora.

De acordo com Merleau-Ponty,[48] a abordagem fenomenológica da percepção identifica-se com os movimentos do corpo e redimensiona a compreensão de sujeito no processo de conhecimento,

---

[46] MERLEAU-PONTY, M. [1945]. *Fenomenologia da percepção*. Tradução de Carlos Ribeiro de Moura. São Paulo: Editora WMF Martins Fontes, 2018.
[47] Ibidem, p. 284.
[48] Ibidem.

sendo o movimento e o sentir elementos-chave da percepção, ou seja, a percepção cinestésica é a regra. Por percepção cinestésica, entende-se que se trata da capacidade de perceber a organização espacial do próprio corpo.

Há, no texto *O olho e o espírito*, um exemplo da arte sobre o qual o próprio Merleau-Ponty faz referência ao destacar que os objetos só são passíveis de adquirir existência se forem vistos. O filósofo aproxima as obras do pintor francês Paul Cézanne das questões sobre a visão e mostra que, da mesma forma, a relação entre o sensível e a percepção é fundamental para ambos. Tanto o desenvolvimento da ideia de Merleau-Ponty, quanto na pintura de Cézanne, as sensações são consideradas, pois o pintor, na sua obra de arte, busca retratar a natureza como ela se mostra pelos sentidos, possibilitando a experiência da percepção de modo que fascina o espectador. O simples fato de vermos um quadro provoca um deslumbramento a partir do encontro do corpo com o mundo. É nesse encontro que se dá a origem de todo saber, segundo Merleau-Ponty.[49]

Cézanne foi considerado o pai da arte moderna ao deixar de lado as influências da tradição e abrir um novo caminho na pintura ao buscar pintar as coisas tais como era atingido.

Em 1866 começou a pintar ao ar livre, procurando inspiração na paisagem à sua volta. Ele pintava a mesma paisagem várias vezes, posicionando-se de maneira diferente frente a ela. A mudança de luz, de clima, de estação, da vegetação, distância, o ângulo eram fatores importantes. O famoso quadro Monte Santa Vitória foi pintado por ele cerca de 60 vezes. Apresento, a seguir, duas imagens do Monte Santa Vitória pintadas por Cézanne em momentos distintos.

---

[49] MERLEAU-PONTY, M. [1960]. *O olho e o espírito*. Tradução de Paulo Neves e Maria E. Galvão Gomes Pereira. São Paulo: Cosac & Naify, 2004.

Figura 1 – Monte Santa Vitória

Fonte: Paul Cezanne: the complete works, 2002-2017[50]

Cézanne pintou o mesmo motivo de ângulos diferentes, na tentativa de condensar na tela a totalidade do mundo, ou do recorte de mundo que estava vendo. A paisagem do Monte Santa Vitória se comparada às diversas pinturas compõe diferentes cenários, como podemos notar se compararmos as figuras 1 e 2.

Figura 2 – Monte Santa Vitória

Fonte: Paul Cezanne: the complete works, 2002-2017[51]

---

[50] CÉZANNE, P. [1902-1906]. Monte Santa Vitória. In: *Paul Cezanne*: the complete works, 2002-2017. Disponível em: https://www.paul-cezanne.org/Mont-Sainte-Victoire-Above-The-Tholonet-Road.html. Acesso em: 17 jan. 2023.

[51] CÉZANNE, P. [1902-1906]. Monte Santa Vitória. In: *Paul Cezanne:* the complete works, 2002-2017. Disponível em: https://www.paul-cezanne.org/Mont-Sainte-Victoire-Courtauld.html. Acesso em: 17 jan. 2023.

Em uma carta de 1906, endereçada ao filho, o próprio Cézanne aponta:

> Aqui, à beira do rio, os motivos se multiplicam, o mesmo tema visto sob um ângulo diferente oferece um objeto de estudo do mais vivo interesse — e tão variado, que acho que poderia ocupar-me durante meses, sem mudar de lugar, inclinando-me ora um pouco à direita, ora um pouco à esquerda.[52]

Devido ao uso de distorções e alterações de perspectiva, Cézanne se destacou entre os pintores pós-impressionistas, o que o alçou como uma ponte entre o impressionismo do século XIX e o cubismo do início do século XX.

O que Cézanne deseja, segundo Merleau-Ponty, é unir o pintor que vê e o pintor que pensa, unir natureza e arte, buscando pintar a ordem nascente das coisas. "Ele não quer separar as coisas fixas que aparecem ao nosso olhar e sua maneira fugaz de aparecer, quer pintar a matéria em via de se formar, a ordem nascendo por uma organização espontânea".[53] Ele queria pintar as coisas não como ditam as regras da perspectiva clássica, mas como elas aparecem para o olhar. Ele queria desvelar como elas se mostram a nós e interpretá-las sem uma separação entre aquilo que via e aquilo que pensava.

Enquanto vemos, capturamos o que há ali com nossos olhos. Contudo, há um ponto cego no ato de ver. Algo nos escapa. Cézanne, aponta Merleau-Ponty,[54] deixa espaços sem pintar em seus quadros, pois, como a visão não alcança o todo, havia restos inapreensíveis. Esses restos promovem um incômodo ao espectador e remete ao objeto *a*, conceito lacaniano sobre o qual é dedicada uma seção neste livro.

Cézanne conhecia as técnicas de sua época, estudava as estruturas geológicas das paisagens que pintava, mas não se preocupava com a representação do ambiente atmosférico. Para Merleau-Ponty, a intenção do pintor era atrelar todo esse conhecimento às sensações.

---

[52] CÉZANNE, P. [1906]. *Correspondência*. Tradução de Antônio Danesi. São Paulo: Martins Fontes, 1992. p. 265.
[53] MERLEAU-PONTY, M. [1960]. *O olho e o espírito*. Tradução de Paulo Neves e Maria E. Galvão Gomes Pereira. São Paulo: Cosac & Naify, 2004. p. 131.
[54] *Idem*.

Toda essa análise feita pelo filósofo a respeito da maneira de pintar e das características da obra de Cézanne se justifica pelo contato do pintor com o mundo por meio do olhar. Conforme aponta Merleau-Ponty, "A pintura jamais celebra outro enigma senão o da visibilidade".[55] Ele diz ainda que o pintor emprega seu corpo e que o seu papel é cercar e projetar o que dentro dele se vê. O que faz da pintura uma empreitada sem fim.

Além disso, também é interessante pontuar que Merleau-Ponty interroga como seria a visão sem nenhum movimento dos olhos e como esse movimento não confundiria as coisas se ele próprio fosse reflexo ou cego. Merleau-Ponty aponta para o movimento do corpo como um fator importante para a visão e diz: "[...] também é verdade que a visão depende do movimento. Só se vê o que se olha".[56]

O cego, na falta da visão, recebe informações do ambiente para formar a imagem mental por meio das percepções táteis, auditivas, olfativas e cinestésicas. Questionamos: a aquisição conceitual de um objeto é diferente para o cego? Será que os outros sentidos fornecem a substancialidade material que a visão fornece? Será que a pessoa com deficiência visual apreende, por meio dos demais sentidos, qualidades diferentes daquele que apreende com o uso da visão?

Sabemos que a visão é um sentido capaz de captar muitas informações simultaneamente. Nesse sentido, o cego estaria em desvantagem em relação ao vidente?

O filósofo salienta que é o corpo, enquanto sistema, que apreende o mundo e funda a unidade dos objetos percebidos. Ou seja, à medida que os objetos são percebidos ocorre a representação para o sujeito. Segundo ele, "[...] o vidente não se apropria do que vê; apenas se aproxima dele pelo olhar, se abre ao mundo".[57] Tudo que vemos está ao nosso alcance, pelo menos ao alcance do olhar.

---

[55] *Ibidem*, p. 20.
[56] *Ibidem*, p. 16.
[57] MERLEAU-PONTY, M. [1960]. *O olho e o espírito*. Tradução de Paulo Neves e Maria E. Galvão Gomes Pereira. São Paulo: Cosac & Naify, 2004. p. 16.

A percepção é, então, compreendida como referência. De início, só captamos algumas partes ou aspectos. Mas Merleau-Ponty não ignora a consciência no processo da percepção. Ele salienta que o campo visual tem acesso a fragmentos do objeto visto e que, para percebê-lo como um todo, precisamos concebê-lo na consciência, pois "Um dado perceptivo isolado é inconcebível, se ao menos fazemos a experiência mental de percebê-lo".[58]

> Ao mesmo tempo é verdade que o mundo é o que vemos e que, contudo, precisamos aprender a vê-lo. No sentido de que, em primeiro lugar, é mister nos igualarmos, pelo saber, a essa visão, tomar posse dela, dizer o que é nós e o que é ver, fazer, pois, como se nada soubéssemos, como se a esse respeito tivéssemos que aprender tudo.[59]

Merleau-Ponty[60] dirá que as percepções, se consideradas como simples sensações, serão privadas, ou seja, serão somente de quem percebe, mas, se forem tratadas como atos de inteligência, se forem uma inspeção do espírito, o objeto percebido e a ideia que o representa serão próprios do mesmo mundo sobre o qual falamos.

Ele diz que a visão começa nas coisas. "[...] vemos as coisas mesmas, o mundo é aquilo que vemos",[61] mas, se perguntarmos o que é esse ver e o que é essa coisa ou esse mundo, encontraremos contradições.

Outro ponto de interesse para o tema do livro, encontrado na obra de Merleau-Ponty, diz respeito à existência dos espelhos como o único meio que torna visível o nosso corpo inteiro. O filósofo critica o pensamento cartesiano sobre o ato de ver como imagem especular numa relação de semelhança. Em *O olho e o espírito*, ele diz

---

[58] MERLEAU-PONTY, M. [1945]. *Fenomenologia da percepção*. Tradução de Carlos Ribeiro de Moura. São Paulo: Editora WMF Martins Fontes, 2018. p. 25.
[59] MERLEAU-PONTY, M. [1964]. *O visível e o invisível*. Tradução de José Artur Gianotti e Armando Mora d'Oliveira. São Paulo: Perspectiva, 2014. p. 18.
[60] MERLEAU-PONTY, M. [1946]. *O primado da percepção e suas consequências filosóficas*. Tradução de Sílvio Rosa Filho e Thiago Martins. Belo Horizonte: Autêntica Editora, 2017.
[61] *Ibidem*, p. 17.

"que um cartesiano não se vê no espelho: ele vê um manequim".[62] Segundo o autor, há uma reversibilidade na relação entre o vidente e o que é visto.

A experiência do espelho nos mostra que somos simultaneamente videntes e visíveis. Videntes porque vemos as coisas, e visíveis porque, concomitantemente, participamos delas ao nos colocar como objeto a ser olhado. Vemos e somos vistos ao mesmo tempo.

Por meio da metáfora do dedo da luva, Merleau-Ponty diz que:

> Reversibilidade: o dedo da luva que se põe do avesso — Não há necessidade de um espectador que esteja dos dois lados. Basta que, de um lado, eu veja o avesso da luva que se aplica sobre o direito, que eu toque um por meio do outro (dupla 'representação' de um ponto ou plano do campo) o quiasma é isto: reversibilidade.[63]

O filósofo descreve que, por meio da dupla representação, basta que o espectador veja somente um dos lados da luva, pois o mesmo se aplicará ao seu avesso. Para ele, a superfície que limita e faz fronteira entre um lado e outro é a ponta do dedo da luva, que é o único ponto de inversão do dentro e do fora, em que se faz a viragem, a dobra. Esse ponto de encontro é análogo ao ver e ser visto. O quiasma que aponta para a esquize entre a visão e o olhar sobre o qual veremos com detalhes nos próximos capítulos.

Para Merleau-Ponty, o espelho é um instrumento universal capaz de transformar as coisas, eu em outro e o outro em mim, sendo o homem espelho para o homem. O filósofo ressalta que a semelhança entre a coisa e sua imagem especular pertence ao pensamento. Sobre o que se vê no espelho, pontuou que não se trata da realidade, mas da contemplação da imagem. Ele diz que, para um cartesiano, "sua

---

[62] MERLEAU-PONTY, M. [1960]. *O olho e o espírito*. Tradução de Paulo Neves e Maria E. Galvão Gomes Pereira. São Paulo: Cosac & Naify, 2004. p. 35.

[63] MERLEAU-PONTY, M. [1964]. *O visível e o invisível*. Tradução de José Artur Gianotti e Armando Mora d'Oliveira. São Paulo: Perspectiva, 2014. p. 238-239.

imagem no espelho é um efeito da mecânica das coisas, se nela se reconhece, se a considera "semelhante", é seu pensamento que tece essa ligação, a imagem especular nada é dele".[64]

Na experiência do espelho, a passagem do si para outrem, essa reversibilidade mostra que, ao mesmo tempo que vejo a mim mesmo, sou um ser olhado. Essa duplicidade da percepção visual revela a ambiguidade da experiência inicial do corpo consigo mesmo, como bem Lacan aponta no estádio do espelho, que será apresentado no terceiro capítulo. Essa é uma experiência que se propaga e se repete na relação com as coisas e com os outros.

Em *O visível e o invisível*, Merleau-Ponty apresenta a imagem especular, a memória e a semelhança da coisa e da coisa vista como estruturas fundamentais que derivam imediatamente da relação corpo-mundo. "A carne é fenômeno de espelho e o espelho é extensão da minha relação com meu corpo. [...] Tocar-se, ver-se é obter de si determinado extrato especular".[65]

O filósofo lança um enigma sobre o corpo, que é simultaneamente vidente e visível, apontando que, ao mesmo tempo, aquele que vê é também visto. E diz: "Ele que olha todas as coisas, pode também se olhar e reconhecer no que vê então o 'outro lado' de seu poder vidente. Ele se vê vidente, ele se toca tocante, é visível e sensível para si mesmo".[66] Ou seja, o sujeito é tão olhado quanto olha.

Esse olhar preexistente, um olhar de fora, estrangeiro sobre o qual fala Merleau-Ponty em *O visível e o invisível*, significa que, antes mesmo de vermos, somos olhados. Mas que olhar é esse que vem das coisas, e não mais de mim? É isso que interessa apontar aqui, pois é esse olhar que retorna a mim mesmo como algo que é estrangeiro e, por isso, causa angústia.

---

[64] MERLEAU-PONTY, M. [1960]. *O olho e o espírito*. Tradução de Paulo Neves e Maria E. Galvão Gomes Pereira. São Paulo: Cosac & Naify, 2004. p. 25.
[65] MERLEAU-PONTY, M. [1964]. *O visível e o invisível*. Tradução de José Artur Gianotti e Armando Mora d'Oliveira. São Paulo: Perspectiva, 2014. p. 233.
[66] MERLEAU-PONTY, M. [1960]. *O olho e o espírito*. Tradução de Paulo Neves e Maria E. Galvão Gomes Pereira. São Paulo: Cosac & Naify, 2004. p. 17.

Lacan[67] acentua que Merleau-Ponty, ao inserir no espetáculo do mundo algo de anterior à visão, avança para outro campo que não é o da percepção, pois o filósofo aponta para uma experiência que denuncia um olhar exterior, fora de nós, um olhar que antecede o visto, como se houvesse um olhar que nos cercasse. Esse olhar não emana dos olhos em particular, que nos mostra a preexistência de um olhar *onivoyeur*, de um dar-a-ver. Trata-se de como nos sentimos olhados por outrem sem nem mesmo ver seus olhos. Somos "seres olhados no espetáculo do mundo".[68] É dessa forma que Merleau-Ponty rompe com a tradição filosófica de que o olhar está do lado do sujeito como uma metáfora do conhecimento e do saber.

Alinhado com as ideias de Merleau-Ponty, Lacan[69] apontará que o olhar se apresenta como algo de fora. Nesse ponto, o pensamento de Lacan, ao desenvolver a sua ideia do olhar como um objeto *a*, converge com as ideias de Merleau-Ponty, e sobre isso será dedicado um estudo detalhado no capítulo seguinte.

---

[67] LACAN, J. [1964]. *O Seminário, livro 11*: os quatro conceitos fundamentais da psicanálise. Rio de Janeiro: Jorge Zahar Ed., 2008.
[68] *Ibidem*, p. 71.
[69] *Ibidem*.

2

A PERSPECTIVA PSICANALÍTICA DO OLHAR

A principal particularidade da experiência clínica que suscitou este livro foi que os analisantes são pessoas privadas do sentido visual. Nos atendimentos, deparei-me com a privação do olhar enquanto sentido, mas causava surpresa que o olhar, em outra dimensão, se fazia presente na fala dessas pessoas.

Cabe demarcar, logo de início, como se deu o meu percurso teórico-clínico. Foi durante a minha atuação como psicóloga em um Centro Especializado em Reabilitação para Deficientes Visuais, no período entre 2016 e 2021, que este estudo se originou. A proposta do cargo consistia em oferecer uma escuta aos pacientes que estavam no processo de reabilitação visual. Como psicóloga, fazia parte de uma equipe multidisciplinar composta por médico oftalmologista, psiquiatra, fisioterapeuta, terapeuta ocupacional, assistente social, fonoaudiólogo, professores de Braille e informática.

Não era raro os analisantes usarem as expressões: "quando eu olho, quando eu vejo..." ao descreverem uma cena que presenciaram, assim como a recorrência, durante a associação livre, do significante "olhar" surgir. Eles também falavam sobre como se sentiam ao saber que são observados e descreviam cenas de sonhos. O espanto e a curiosidade ao ouvir uma pessoa cega falar que viu algo me levou a buscar resposta para a seguinte questão: que olhar é esse sobre o qual o cego fala?

Mas, o que a psicanálise tem a ver com isso? Por que conviria ao psicanalista compreender os fenômenos que se passam no corpo, como as percepções, ou a ausência delas, tendo em vista que o objeto de estudo da psicanálise é o inconsciente? É nesse ponto que se faz necessária a distinção entre ver e olhar, sobre a qual este capítulo propõe trazer à tona.

Segundo Freud, o olho, a sensação e a percepção não são excluídos da formulação do aparelho psíquico. Em sua obra, há diversas referências às sensações e percepções. Em 1891, no texto *Sobre a concepção das afasias*, Freud fala que os estímulos sensoriais capturados do mundo externo são reorganizados desde a chegada ao sistema nervoso até a sua representação. E aponta que aquilo que percebemos não corresponde exatamente ao objeto percebido. Para ele, as representações são resultado da reorganização, e por não serem cópias fiéis, não fornecem um acesso direto ao mundo externo, mas, de certa forma, o reconstroem.

Em 1895, no *Projeto Para Uma Psicologia Científica*, Freud enfatiza o impacto do meio sobre o organismo e a reação do organismo ao meio. E, na *Carta 52*, endereçada à Fliess em 6/12/1896, ele admite que há percepção inconsciente. Mas foi a partir de *A interpretação dos sonhos*, texto de 1900, mais especificamente no capítulo VII, que Freud desenvolveu um esquema que ilustra que aquele que mantém o contato direto com os estímulos do mundo externo é o sistema Pcpt, como veremos a seguir.

Outro texto sobre as percepções e o aparelho psíquico que merece ser citado é "Nota sobre o Bloco Mágico", de 1925. Nele Freud diz que não parece ousada a comparação da folha de cobertura do bloco mágico com o sistema Pcp-Cs e sua proteção contra os estímulos, à tábua de cera com o inconsciente por trás deles. Para Freud, o aparecimento e o desaparecimento da escrita são análogos ao cintilar e ao esvanecer da percepção na consciência.

Foi por intermédio da prática clínica com pessoas cegas e com baixa visão que constatei a presença do olhar ainda que houvesse ausência do sentido visual. Esse significante aparece frequentemente em suas falas, mesmo elas sendo privadas desse sentido. Mas que olhar é esse sobre o qual as pessoas com deficiência visual se referem? É um olhar que não tem origem no olho, pois até mesmo aqueles com uma síndrome genética chamada anoftalmia bilateral, ou seja, pessoas que nasceram sem os globos oculares, falam sobre ele.

Para compreender essas questões, é fundamental, logo no início do capítulo, dedicar uma parte para abordar a diferença do que define um corpo para a medicina e para a psicanálise, tendo em vista que a pesquisa envolve questões orgânicas que precisam ser claramente separadas das psíquicas. Esse percurso nos levará a pensar nos efeitos da ciência na subjetividade das pessoas com deficiência.

Após a apresentação geral sobre o estatuto do corpo na teoria psicanalítica, o intento é desconstruir a ideia de que visão e olhar são sinônimos, já que, pelo sentido comum das palavras, designa-se com frequência para eles a mesma função. Buscarei tornar clara a distinção do olhar enquanto sentido visual do objeto olhar, como é tomado pela psicanálise, para que, dessa forma, possa aprofundar nos conceitos psicanalíticos que tratam o olhar como fator estruturante para o sujeito e como isso se dá para a pessoa cega.

O objetivo é discorrer sobre a descoberta lacaniana do olhar como objeto, que é distinto do campo da visão e não é subjugado à consciência. Mas isso só é possível a partir de um dos conceitos fundamentais da psicanálise, que é o conceito de pulsão. Portanto, a segunda parte deste capítulo apresentará um estudo sobre o conceito de pulsão e suas características para buscar a compreensão de como a pulsão escópica se apresenta para as pessoas cegas. E, por último, será apresentado um estudo sobre o conceito de objeto *a* com o propósito de compreender a ideia de Lacan sobre o olhar.

2.1 O OLHO: ENTRE A MEDICINA E A PSICANÁLISE

Antes de distinguir o olhar enquanto sentido visual do olhar tomado pela psicanálise como um objeto, faz parte do caminho considerar que o corpo possui conotações diferentes para a medicina e para a teoria psicanalítica.

Comparados às doenças somáticas, dada sua semelhança aparente, os sintomas no corpo das histéricas são o ponto de partida para a origem da psicanálise. Freud[70] diz que não poderia se desvencilhar

---
[70] FREUD, S. [1893]. *Estudos sobre a histeria*. Direção de Jayme Salomão. Rio de Janeiro: Imago, 1996. (Edição standard brasileira das obras psicológicas completas de Sigmund Freud, 2).

do corpo biológico, já que era dele que as histéricas se queixavam, mas, ao ouvir suas pacientes, ele percebeu que os sintomas apresentados nada tinham a ver com a realidade biológica, mas, sim, com um sofrimento psíquico que descarregou via corporal.

Ao postular que não havia uma causalidade orgânica para as paralisias histéricas, Freud rompe com o saber médico sobre o corpo orgânico. Ele afirma que as linhas corporais atingidas pelos mecanismos de paralisia não se orientavam pelas vias de inervação, mas pela representação psíquica do corpo. Evidenciadas pela conversão histérica, foi possível compreender as formas pelas quais os sintomas corporais se relacionam com o inconsciente e, com isso, a distinção entre o corpo biológico e o corpo psicanalítico foram instauradas.

Dessa forma, Freud estabelece o mecanismo de representação em que o corpo se torna um lugar de expressão de conflitos psíquicos. A conversão histérica desvela o corpo submetido à estrutura da linguagem e mostra que algo está sendo dito por meio do corpo, ou seja, o corpo da neurose se afasta do corpo anatômico e se aproxima de um corpo representado a partir da linguagem. Tomando essa distância da visão médica do corpo, o que Freud vai nos demonstrar é que, do corpo anatômico, nada resta, a não ser a única possibilidade do atravessamento da palavra.

Essa foi a grande descoberta de Freud, relacionar o corpo com a linguagem, que vem situar o sintoma histérico como seu efeito. Para ele, a desordem corporal da histérica ocorreria num corpo representado e não anatômico, ocorrendo daí um deslocamento de uma lógica da anatomia para uma lógica da representação. Ele demonstrou que os sintomas revelam a estrutura de uma linguagem a ser decifrada e que a relação do trauma com o sintoma estava em função de um vínculo inconsciente entre uma representação recalcada e uma determinada área do corpo, devido ao conteúdo dessa representação.

A partir da relação que Freud vai estabelecer entre o corpo e a linguagem, ocorre uma mudança no que se refere à concepção de corpo para a psicanálise, que deixa de ser um corpo biológico regido pelas leis anatômicas e objeto de estudo da medicina para ser regido pelas leis do psiquismo.

O olho é um órgão que faz parte do corpo biológico e possui anatomia e funções específicas. Esse objeto de estudo médico é responsável pelo sentido visual, que nos permite enxergar aquilo que há no mundo externo. Nesse sentido, a deficiência visual interessa à oftalmologia, especialidade clínica na medicina que trata das doenças relacionadas à visão.

O modelo biomédico consiste basicamente em três premissas: o corpo é uma máquina, a doença é consequência de uma avaria em alguma de suas peças e a tarefa do médico é consertá-la. Logo, a clínica médica se inscreve a partir do sofrimento do paciente com base em um discurso biológico, dando um sentido, um nome, um tratamento e, por fim, visando suprir a demanda que gerou a consulta médica.

A psicanálise permite o processo terapêutico que não se baseia no eventual desaparecimento do sintoma no sentido médico. Na análise, não é raro que os pacientes, inicialmente, dirijam-se ao analista como se dirigem ao médico, esperando ver seu sofrimento e sintomas inscritos no corpo capazes de serem curados, mas um sintoma para a psicanálise não deve ser confundido com o sintoma médico, nem com o lugar que esse discurso dá ao sintoma no tratamento.

A cegueira e a baixa visão não são sintomas, são condições que afetam o corpo e suas funções e que atravessam a clínica psicanalítica com analisantes com deficiência visual, mas não possuem, a priori, a conotação de sofrimento.

O analista precisa estar atento ao fato de que a psicanálise instaurou, em torno do corpo, um discurso diferente do médico, assim como instaurou outra metodologia e outra clínica, e advertido que a deficiência tem uma significação única para cada sujeito.

Por conseguinte, o psicanalista não toma como direção a deficiência no sentido médico. O que interessa são as enunciações sobre o olho, o olhar e a deficiência a partir daquilo que foi evidenciado pelos analisantes em suas análises e que irão apontar para as direções que a clínica psicanalítica pode oferecer.

O trabalho, por mim realizado, no Centro de Reabilitação para deficientes visuais não tomava a deficiência a partir da afecção orgânica. Por meio da escuta analítica, a direção do tratamento era a partir dos significantes dados pelo sujeito levando em conta a sua história e a implicação das questões, como acessibilidade e inclusão, que atravessam a vida da pessoa com deficiência em sua subjetividade. Freud[71] aponta para a importância da percepção no funcionamento do aparelho psíquico. Ele emprega conceitos da ótica e, por meio de metáforas, mais especificamente associadas à fotografia, busca explicar como ocorre a apreensão do que há no mundo externo e o funcionamento dos processos psíquicos.

É nesse texto que ele apresenta um esquema — conhecido como esquema do pente — para representar o aparelho psíquico. Na figura, ele mostra, em uma das extremidades, os estímulos percebidos, representado pela letra P, que são os responsáveis pela atividade psíquica, pelos traços mnêmicos e pela atividade motora, representada pela letra M na outra extremidade, conforme demonstramos a seguir.

Figura 3 – Esquema do aparelho psíquico

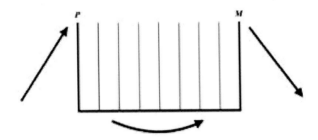

Fonte: Freud (1900/2018 p. 565)

A partir desse esquema, Freud ressalta que:

> Toda a nossa atividade psíquica parte de estímulos (internos ou externos) e termina em inervações. Assim atribuímos ao aparelho uma extremidade sensível e uma motora; na extremidade sensível há

---

[71] FREUD, S. [1900]. *A interpretação dos sonhos*. Tradução de Renato Zwick. Porto Alegre: L&PM, 2018. v. 2.

um sistema que recebe as percepções e na extremidade motora há um outro que abre as comportas da motilidade. Em geral, o processo psíquico transcorre da extremidade perceptiva à extremidade motora.[72]

Lacan acrescenta que Freud coloca no interior "as diferentes camadas que se distinguem do nível perceptivo, isto é da impressão instantânea [...] ao mesmo tempo, imagem, lembrança".[73] Os traços registrados são, posteriormente, recalcados no inconsciente.

É a partir da experiência da neurose, ao falar sobre a realidade psíquica e sobre o sistema percepção-consciência em sua diferenciação da memória, que Freud introduziu a percepção na psicanálise, como elucida Colette Soler[74] ao escrever sobre os fenômenos perceptivos do sujeito. Conforme a autora expõe, com a descoberta da realidade psíquica, a percepção fica sob a incidência do inconsciente. A psicanalista acentua que "[...] O campo da percepção é um campo ordenado, mas ordenado em função das relações do sujeito com a linguagem, e não ordenado pelo aparelho cognitivo [...]".[75]

Isso posto, qual, então, seria a importância de abordar os fenômenos perceptivos e a ausência deles a partir da experiência da clínica psicanalítica com pessoas com deficiência visual?

A prática clínica com analisantes com cegueira ou baixa visão mostra que, na associação livre, o significante "olhar" aparece com frequência. O que pode ser motivo de surpresa e curiosidade para sabermos que olhar é esse que as pessoas que não enxergam mencionam.

Parece claro que, quando falamos dos olhos, referimo-nos aos órgãos compostos por diferentes estruturas anatômicas, como córnea, retina, nervos ópticos, entre outros, que têm como função a visão. A física e a biologia explicam que, ao receber a luz, os olhos a convertem em impulsos elétricos, que são enviados ao cérebro,

---
[72] FREUD, S. [1900]. *A interpretação dos sonhos*. Tradução de Renato Zwick. Porto Alegre: L&PM, 2018. v. 2. p. 565.
[73] LACAN, J. [1953-1954]. *O Seminário, livro 1*: os escritos técnicos de Freud. Rio de Janeiro: Jorge Zahar Ed., 2009. p. 104.
[74] SOLER, C. Os fenômenos perceptivos do sujeito. In: SOLER, C. *O inconsciente a céu aberto da psicose*. Tradução de Vera Ribeiro. Rio de Janeiro: Zahar, 2007. p. 23-38.
[75] *Ibidem*, p. 34.

responsável por processar as imagens que vemos. Os olhos são, portanto, responsáveis pela percepção visual dos objetos do mundo exterior. Por sua vez, a percepção visual pode ser dividida em três categorias: física, neurológica e mental. Segundo Quinet:

> O olhar, por paradoxal que seja, será também definitivamente excluído do campo visual. Por um lado, a percepção visual será dividida em três ordens: física (a partir do ótico), neurológica (a transmissão nervosa da retina para o cérebro) e mental (a representação do objeto que provoca o fenômeno da visão).[76]

Lacan indaga sobre o estatuto do olhar, baseando-se no livro de Merleau-Ponty, *O visível e o invisível*, no qual o filósofo "reconhece no olho o seu reitor".[77] Lacan aponta que

> [...] a dependência do visível em relação àquilo que nos põe sob o olho do que vê. Ainda é dizer demais, pois esse olho é apenas uma metáfora de algo que melhor chamarei o empuxo daquele que vê — algo anterior ao seu olho. O que se trata de discernir, pelas vias do caminho que ele nos indica, é a preexistência de um olhar — eu só vejo de um ponto, mas em minha existência sou olhado de toda parte.[78]

O que Lacan chama de olhar está naquilo que escorrega "em nossa relação às coisas, tal como constituída pela via da visão e ordenada nas figuras da representação".[79] Logo, propõe a distinção da função do olho da função do olhar.

Nasio[80] diz que é precisamente no campo global da visão — formado de imagens — que vai surgir o olhar. Ele expõe que a visão consiste na percepção das coisas pelo eu. Entendemos por coisa os objetos materiais do mundo externo, passíveis de serem apreendi-

---

[76] QUINET, A. *Um Olhar a Mais*: ver e ser visto na psicanálise. Rio de Janeiro: Jorge Zahar Ed., 2002. p. 28.
[77] LACAN, J. [1964]. *O Seminário, livro 11*: os quatro conceitos fundamentais da psicanálise. Rio de Janeiro: Jorge Zahar Ed., 2008. p. 75.
[78] *Ibidem*, p. 75-76.
[79] *Ibidem*, p. 76.
[80] NASIO, J. D. *O Olhar em psicanálise*. Tradução de Vera Ribeiro. Rio de Janeiro: Jorge Zahar Ed., 1995.

dos pelo aparelho cognitivo a partir da percepção. O autor aponta que, diferentemente do médico oftalmologista, para o psicanalista, ver não é ver uma coisa, mas, sim, uma imagem. "O mundo que vemos — para a psicanálise — é um mundo de imagens, não é a coisa em si. E quem vê não somos nós, não são os olhos do corpo, quem vê é o eu".[81]

Ao distinguir a visão do olhar, Miller[82] define a visão como uma função do órgão que é o olho e reforça que o olhar, para a psicanálise, afasta-se da concepção puramente biológica vinculada só à percepção visual, assumindo outro estatuto, ou seja, o olhar não é um órgão nem uma função biológica, mas, sim, um objeto que responde à dialética do desejo entre sujeito e o Outro.

É um equívoco pensar que visão e olhar são a mesma coisa. O olhar está para além do que olhos podem ver. O olhar nos escapa, ele é inapreensível. Já o ver é próximo do que chamamos de representação imaginária daquilo que há no mundo. Nesse sentido, Julien é categórico ao afirmar que "O olhar não é olho".[83] E é esse olhar que aparece na clínica com cegos e que nos interessa.

O corpo anunciado pela psicanálise não se confunde com o organismo biológico e não obedece às leis da distribuição anatômica dos órgãos e dos sistemas funcionais, objeto de estudo e intervenção da medicina, ele se apresenta como palco onde se desenrolam as relações entre o psíquico e o somático.

A teoria de Freud evidencia que o somático, conjunto das funções orgânicas, é habitado por um corpo atravessado pela pulsão e pela linguagem, que obedece às leis do desejo inconsciente, coerente com a história de cada um. São essas inscrições que conferem ao corpo um lugar na teoria psicanalítica, que não é dirigido segundo uma razão única e determinada da racionalidade somática. Para a

---

[81] *Ibidem*, p. 18.
[82] MILLER, J A [1994]. Jacques Lacan e a voz. *Opção Lacaniana online*, ano 4, n. 11, 2013. Disponível em: http://www.opcaolacaniana.com.br/pdf/numero_11/voz.pdf. Acesso em: 4 nov. 2021.
[83] JULIEN, P. O furo no imaginário. *In*: JULIEN, P. *O Retorno a Freud de Jacques Lacan*: A Aplicação ao Espelho. Tradução de Angela Jesuino e Francisco Franke Settineri. Porto Alegre: Artes Médicas Sul, 1993. p. 136.

psicanálise, o corpo é regido conforme uma dupla racionalidade, a do somático e a do psíquico, que, fundamentado no encontro do sujeito com a trama das relações parentais, se constrói a partir da erogeneidade.

O corpo psicanalítico encontra seu lugar não só em uma anatomia e uma fisiologia, mas na singularidade que se constrói a partir da fantasia. Encontram-se nas manifestações objetivas do corpo biológico as ressonâncias desse outro corpo, portando vários sentidos e significados em função desse cenário fantasmático. É isso que faz do corpo biológico um corpo — linguagem aberta à psicanálise, menciona Fernandes.[84] Como aponta a autora, a inovação freudiana foi demonstrar como esse corpo que nos identifica a nós mesmos e que não equivale imediatamente a um corpo próprio vai sendo construído à custa do encontro com o Outro.

Chatelard reforça que "Temos de aprender a ver o mundo; a percepção é construída a partir do percebido, do contato do homem com o mundo e sobre aquilo que ele aprendeu a respeito do mundo".[85] Como seres de linguagem, a percepção se dá na mediação com o Outro.

A etiologia das doenças orgânicas, como a cegueira e a baixa visão, permanece como competência das disciplinas médicas. O psicanalista deve pensar no corpo para além da matéria orgânica e das suas funções. Por isso, a psicanálise deve se deter à abordagem do corpo, àquilo que o toca na palavra. Isto é, todas as formas de colocar esse corpo em palavras. É na relação da palavra com esse corpo em evidência que devemos nos ocupar.

Para melhor entender o estatuto do corpo na teoria psicanalítica, faz necessário recorrer ao conceito de pulsão, que veremos a seguir, assim como os conceitos de autoerotismo e narcisismo, que abordaremos no terceiro capítulo.

---

[84] FERNANDES, M. H. *Corpo*. São Paulo: Casa do Psicólogo, 2003.
[85] CHATELARD, D. S. *Conceito de objeto na psicanálise*: do fenômeno à escrita. Brasília: Editora universidade de Brasília, 2005. p. 131.

2.1.1 Efeitos da ciência: capacitismo e segregação

Convém destacar algumas especificidades deste trabalho em um Centro de Reabilitação para pessoas com deficiência visual. A primeira delas é que se tratava de uma instituição filantrópica conveniada com o SUS que tem como objetivo reabilitar aqueles que nasceram ou que perderam a visão. Por reabilitação, entende-se desenvolver e aprimorar habilidades que permitem que a pessoa com deficiência se sinta incluída na sociedade. Não envolve apenas os treinamentos para que a pessoa com deficiência possa exercer suas tarefas, lidar com o ambiente, ter uma orientação e mobilidade segura de forma independente e autônoma. Reabilitar requer ainda mais, pois visa à sua integração, atuação, desempenho na sociedade e o exercício da cidadania.

Cabe também deixar registrado que se entende por cegueira o impedimento da função dada pela percepção visual que advém dos olhos e permite que a pessoa seja capaz de captar o ambiente físico em sua totalidade. Ou seja, é a ausência total da visão e até da percepção da luz. Já a pessoa com baixa visão, também denominada de visão subnormal, consegue identificar a projeção da luz, elas apresentam alteração na funcionalidade, porém, utilizam a visão residual com ou sem apoio de recursos ópticos.

Com essa experiência, pude notar uma multiplicidade de casos, ao passo que, entre os analisantes, havia pessoas de todas as idades que nunca enxergaram; que nasceram com uma síndrome genética chamada anoftalmia bilateral, ou seja, não possuem os globos oculares; pessoas que perderam a visão; aqueles que perderão, e aqueles com baixa visão.

Outra característica é que as queixas que levam os pacientes a serem encaminhados para o setor de psicologia é referente à perda visual, já que o objetivo da instituição é reabilitar as pessoas com esse tipo de deficiência. Na maioria das vezes, eles eram encaminhados por outros setores institucionais, como o setor de terapia ocupacional — que frequentemente se encarregava de indicar pacientes que apresentavam certa "resistência" no treinamento com o uso da bengala articulada. Mas também havia aqueles que procuravam o setor com suas próprias queixas.

Durante as sessões, era comum ouvir os pacientes falarem sobre a sua condição enquanto pessoa com deficiência e sobre a relação com o processo de reabilitação. Constantemente eles contavam como se sentiam em usar a bengala, que é um instrumento que auxilia na segurança e autonomia da locomoção, e ressaltavam o fato dos outros verem que eles são deficientes causava angústia e vergonha, sendo este um fator para a recusa em usar o aparato. Essa questão me solicitou a considerar o que está envolvido: como e por que o olhar do outro seria causa de angústia para quem não enxerga?

Nas instituições de reabilitação, o saber que predomina é o da medicina, que classifica, reduz o corpo a um CID, difunde padrões de normalidade dos corpos, ressalta as características relacionadas à incapacidade, dependência que reforça as ideias capacitistas e, ainda, relaciona a pessoa à doença excluindo a singularidade e a condição de sujeito desejante.

O estigma associado à deficiência como um adoecimento, um mau funcionamento do corpo, uma decadência, provém dos discursos normalizadores, que produzem sofrimento. Na clínica com pessoas cegas e com baixa visão, muitos falam que não é raro serem questionados sobre o que podem e conseguem fazer e que suas histórias de vida são presumidas como um fracasso, já que são impossibilitados de gerir suas vidas, impedidos de tomar decisões e executar tarefas da vida diária com autonomia.

A experiência psicanalítica nessa instituição apontou para a recorrência de queixas que evidenciam o mal-estar produzido pelo capacitismo e pela segregação. Muitos analisantes, com diferentes idades, falam do sofrimento em consequência da precariedade dos laços sociais e sobre a impossibilidade de gerir suas vidas ao serem impedidos de tomar decisões e executar tarefas com autonomia.

Nota-se que ainda há a concepção de que ver é sinônimo de saber, e essa ideia reforça o capacitismo que toma a pessoa com deficiência visual como incapaz, improdutiva e dependente.

Entende-se que o capacitismo é uma construção social que toma a pessoa com deficiência como incapaz. Um exemplo é que muitos se dirigem ao acompanhante da pessoa com deficiência em vez de dirigir-se diretamente à própria pessoa, como se ela fosse incapaz de responder por si. Presumindo, desse modo, que a pessoa com deficiência é passiva e dependente.

De modo geral, a sociedade é pouco receptiva à diversidade corporal e pouco conhece as pessoas com deficiência, justamente porque elas não frequentam lugares em comum e não pertencem a grupos que não sejam aqueles compostos por pessoas com deficiência, que são formados, geralmente, nas instituições de saúde e reabilitação.

Durante a experiência em uma dessas instituições, foi possível ouvir queixas referentes ao não pertencimento de grupos sociais, falta de oportunidades no mercado de trabalho, assim como a precariedade dos laços e mal-estar até mesmo no grupo familiar. Essas queixas evidenciam que ideias capacitistas provocam os sentimentos de inadequação, inferioridade, subordinação, exclusão e que há uma implicação direta na subjetividade.

Abordar a temática da deficiência, do capacitismo e segregação é uma tentativa de fazer que, para além das políticas públicas instituídas na Lei Brasileira de Inclusão — e que são insuficientes, pois requer mais do que acessibilidade arquitetônica como piso tátil, rampas — possamos desconstruir ideias capacitistas que nos são tantas vezes familiares.

A política de inclusão se fundamenta na necessidade de introduzir a pessoa com deficiência na sociedade e prevê práticas para que essas pessoas possam ter condições e padrões da vida o mais próximo do que é considerado o padrão de normalidade baseados no discurso da ciência e do capitalismo. Trata-se do direito da pessoa com deficiência de ter igualdade de acesso ao espaço comum da vida em sociedade, como o direito a frequentar escolas regulares, com o objetivo de estimular suas capacidades e socializar. Ela visa o direito à convivência não segregada e ao acesso aos recursos disponíveis de forma igualitária.

Mas embora a sociedade afirme que aceita essas pessoas em diversos setores, o que se nota é que ainda há um movimento de adequação da pessoa com deficiência ao que é considerado normal e as propostas são para que elas possam desenvolver suas capacidades e atingir níveis aceitáveis de adaptação. Ou seja, fazem com que a pessoa com deficiência se aproxime dos padrões de normalidade físico e funcional aceitáveis pela sociedade e não a sociedade que busca se adequar a eles.

Nesse sentido, cabe tecer uma crítica ao trabalho da reabilitação, que envolve medidas para que os usuários — como são identificados na instituição —, possam alcançar e manter uma funcionalidade considerada ideal seja ela física, intelectual, psicológica ou até mesmo social.

Uma instituição especializada em reabilitar tem como objetivo oferecer tratamento às pessoas com deficiência para que elas exerçam sua funcionalidade com autonomia, independência e possa ter a capacidade de autogestão. Logo, a reabilitação promove a capacidade de a pessoa com deficiência gerir sua vida por seus próprios meios. Parte da política de inclusão, a reabilitação, prevê ações que possibilitam que todos tenham oportunidades de acesso à saúde, à educação, ao emprego, ao lazer, entre outros. Mas a inclusão não se refere só acesso ao estudo, trabalho, saúde. Cada um possui uma necessidade particular e a partir da diversidade dos corpos, precisamos considerar a singularidade. E para isso, a escuta é a principal via.

No entanto, o que vemos na prática é a desimplicação do sujeito. A instituição detentora do saber especializado, do controle sobre o corpo e poder sobre a vida do outro, é quem diz o que tem que ser feito e como fazer. Esse saber, predominante na reabilitação, desconsidera o sujeito. Por meio dos ideais de normalização reforçados pela classificação, por exemplo, do CID, enquadra a pessoa num código e produz estereótipos que, por vezes, tiram a liberdade de decisão e autonomia para fazer o que quiser e como quiser.

Lacan diz que "O capitalismo reina porque está estreitamente ligado à ascensão da função da ciência".[86] Operando segundo a lógica da produtividade, a preocupação, no discurso do capitalista, gira em

---

[86] LACAN, J. [1968-1969]. *O Seminário, livro 16*: de um Outro a outro. Rio de Janeiro: Jorge Zahar Ed., 2008. p. 233.

torno da força de trabalho que o corpo é capaz de produzir. Nesse discurso, que é predominante em nossa sociedade, o ser humano se torna um material impulsionado pelo mandamento de trabalhar mais para produzir mais, reforça Lacan.[87] Logo, só tem valor o corpo que produz.

É ao tomar o corpo sadio aquele que serve ao trabalho, que a ciência e o capitalismo produzem a segregação e disseminam a cultura capacitista. Já que o corpo que não é utilizado como força de trabalho é considerado incapaz, improdutivo, é um corpo deficiente. Dessa maneira, a pessoa com alguma deficiência, como a cegueira, é desvalorizada, colocada na posição de inferioridade, subordinação e excluída por ser inadequada, inválida e incapaz de produzir conforme ditam os padrões.

Ao introduzir o discurso do capitalista, Lacan[2] aponta que a diferença entre esse e os outros quatro está além dos lugares que os elementos ocupam. Mas está no fato de que, diferente dos demais, o discurso do capitalista não faz laço social. O que verificamos é que o laço social é substituído pelos objetos produzidos pela ciência e pela tecnologia, que possam representar os objetos pulsionais.

Há na atualidade uma vasta oferta de aparelhos tecnológicos que mediam a relação da pessoa com deficiência com o que há no mundo, como o aplicativo *Be My Eyes* e o aparelho *MyEyes* pro, sobre os quais retomarei no quarto capítulo. Esses objetos substituem pessoas, e embora apresente uma praticidade nas tarefas de vida diária da pessoa com deficiência, têm como consequência a substituição da relação com o outro por uma ferramenta tecnológica, que é, na maioria das vezes, um celular que cabe na palma da mão, atende comandos de voz e responde aquilo que foi solicitado.

Antonio Quinet explica que "O discurso do capitalista, efetivamente não promove o laço social entre os seres humanos: ele propõe ao sujeito a relação com um *gadget*, um objeto de consumo curto e rápido".[88] O interesse é o do mercado e as relações, por esse motivo não estão centradas nos laços com outros homens, mas com bens e informação.

---

[87] LACAN, J. [1969-1970]. *O Seminário, livro 17*: o avesso da psicanálise. Rio de Janeiro: Jorge Zahar Ed., 1992.
[88] QUINET, A. *Psicose e laço social*. 2. ed. Rio de Janeiro: Atos e Divãs Edições, 2023. p. 52.

Além da exclusão do laço social, no discurso do capitalista, o sujeito, ao mesmo tempo que controla a produção e o consumo do objeto, passa também a ser por esse comandado. O sujeito é capturado pelos objetos de consumo que, financiados pelo capital, são produzidos pelo saber científico e tecnológico. Esses objetos prometem não deixar espaço para a falta, e, de certo modo, para a emergência do sujeito desejante. Mesmo sendo da ordem do impossível, a ciência tenta nos fazer crer que é possível uma completude por meio daquilo que ela oferta.

Lacan[89] aponta para o progresso da ciência e seu efeito de um ideal uniformizante, como fator que favorece a segregação ao isolar um grupo, por exemplo, pelas suas características físicas. Entende-se a segregação como um efeito de discurso do capitalista, dominante em nossa sociedade e, sobretudo, uma forma de organização do social, uma "[...] via de tratar o insuportável, o impossível de suportar".[90]

Criam-se espaços comuns de convivência onde aqueles que são iguais entre si são agrupados, convertendo-se em grupos de segregados. A criação de espaços revela que esse ideal uniformizante suprime as diferenças, onde o que está em jogo é um viver como o outro, mas não com o outro, aponta Soler.[91]

Esses discursos não permitem espaço para a diferença e buscam a universalidade. Lacan sublinha que quanto mais nos movemos em direção ao universal, mais segregamos o singular, comenta Soler.[92] Contrariando a lógica universal da ciência de que somos todos iguais, e a lógica cristã que diz que devemos amar ao próximo como a nós mesmos, se faz presente em nosso meio o capacitismo e a segregação.

A psicanálise propõe a ética da diferença, e não a ética da segregação. Contra o imperativo do ter, a psicanálise propõe a ética da falta-a-ter, que se chama desejo, e a gestão, não do capital

---

[89] LACAN, J. [1973]. Televisão. *In:* LACAN, J. *Outros Escritos.* Rio de Janeiro: Jorge Zahar Ed., 2003.
[90] SOLER, C. Sobre a segregação. *In:* BENTES, L.; GOMES, R. (org.). *O brilho da infelicidade.* Rio de Janeiro: Contra Capa, 1998. p. 46.
[91] *Ibidem*, p. 45.
[92] *Idem.*

financeiro, mas do capital da libido. Conforme acentua Quinet "é preciso uma ética para barrar o imperativo do gozo imposto pelo discurso capitalista científico neoliberal".[93]

Diante do ideal de normalidade que, como efeito do saber científico, produz ideias capacitista e da singularidade da clínica com pessoas cegas e com baixa visão, nota-se que as instituições especializadas em reabilitação, com base na ciência, reproduzem o discurso normalizador e universalizante, que somados aos efeitos do capitalismo na busca por trabalhadores e consumidores insaciáveis acarretam no capacitismo e na segregação.

Para a Psicanálise, o sujeito não é deficiente e a deficiência não é um sintoma a ser tratado. Sabemos que a clínica psicanalítica se dá no um a um, e que a marca que o significante "deficiente" vai imprimir sobre o sujeito varia de caso para caso. No entanto, é importante considerarmos as fontes de mal-estar e os atravessamentos da cultura, que são fonte de sofrimento. Não devemos restringir o saber psicanalítico à perspectiva terapêutica sem considerar as dimensões culturais, sociais e políticas que influenciam os modos de subjetivação do sujeito. Pois, como Freud[94] enfatizou, toda psicologia é antes de tudo uma psicologia social.

2.2 PULSÃO DE OLHAR

A psicanálise rompe com a ideia de que o olhar e visão são sinônimos. Ao assumir a nova posição, o olhar deixou de ser entendido como uma propriedade do aparelho perceptivo, um atributo sensorial, e passou a ser conhecido como um objeto pulsional, ou seja, um dos possíveis caminhos orientadores da pulsão.

A pulsão é um conceito fundamental da psicanálise e está no alicerce da teoria psicanalítica. Desde 1895, em *Projeto para uma psicologia científica*, Freud fala sobre estímulos endógenos, mas foi somente a partir de 1905 que o conceito de pulsão se destacou. Freud

---

[93] QUINET, A. *Psicose e laço social*. 2. ed. Rio de Janeiro: Atos e Divãs Edições, 2023. p. 33.
[94] FREUD, S. [1921]. Psicologia das massas e análise do Eu. *In*: FREUD, S. *Obras completas*. Tradução de Paulo César de Souza. São Paulo: Companhia das Letras, 2011. v. 15, p. 13-113.

buscou conceitos que o ajudassem a compreender a sexualidade e é nessa busca que ele propõe o conceito de pulsão, que vem do alemão *Trieb*, diferenciando-se do *Instinkt*.

Foi então em 1905 que ele introduziu o termo pulsão nos *Três ensaios sobre a teoria da sexualidade*. Nesse texto, Freud escreve que pulsão é um dos conceitos que se situa entre o físico e o anímico e que somente podemos entendê-la por meio de seus representantes que fluem sem interrupção. Ele diz que a fonte da pulsão é um processo excitador no interior do corpo e a meta consiste em cancelar esse estímulo, satisfazendo-o. Desse modo, a pulsão deve ser considerada como uma exigência de trabalho à vida anímica.

Dez anos depois, ele apresenta à comunidade psicanalítica um texto dedicado somente ao estudo da pulsão e seus destinos. Nesse trabalho, Freud expõe a pulsão como um conceito obscuro, que pode ser entendido como um estímulo para o psíquico, mas adverte que "Claramente existem outros estímulos para o psiquismo além dos pulsionais".[95] De início, esclarece que o que chama de essência da pulsão, a sua origem, está situada no interior do organismo, e não em algo no mundo externo, e mais uma vez que a pulsão insiste constantemente, a todo o tempo. Reafirma o psicanalista:

> [...] a "pulsão" como um conceito fronteiriço entre o anímico e o somático, como representante psíquico dos estímulos oriundos do interior do corpo que alcançam a alma, como uma medida da exigência de trabalho imposta ao anímico em decorrência de sua relação com o corporal.[96]

Freud[97] apresenta as demais características da pulsão que nos ajudam a entender este conceito, são elas: pressão, meta, objeto e fonte. Por pressão, entendemos que é a força constante, o trabalho exercido para que a pulsão alcance a meta. Ele elucida que toda pulsão é uma parcela de atividade e tem sempre como meta a satisfação. No

---

[95] FREUD, S. [1915]. *As pulsões e seus destinos*. Tradução de Pedro Heliodoro Tavares. Belo Horizonte: Autêntica, 2017. p. 17. (Obras incompletas de Sigmund Freud).
[96] *Ibidem*, p. 25.
[97] *Ibidem*.

entanto, a satisfação nunca é totalmente atingida, ela é sempre parcial e pode ser alcançada por diferentes caminhos. Considera-se aqui que objeto é aquilo que leva a pulsão a alcançar a sua meta, sendo a característica mais variável, já que há várias maneiras para alcançá-la. Outra característica da pulsão apresentada nesse mesmo texto é a fonte. Entendemos como fonte da pulsão um processo somático em um órgão ou parte do corpo que só conhecemos na vida anímica devido à expressão da pulsão. Freud aponta que "O que diferencia as realizações psíquicas das pulsões entre si pode estar relacionado à diversidade das fontes pulsionais".[98] Não poderíamos, portanto, ignorar que a pulsão necessita de um apoio somático.

A partir dessas características, buscarei demonstrar que, mesmo sem a função dos olhos operando, a pessoa com deficiência visual possui pulsão escópica. Sem procurar dar respostas de maneira tão objetiva, levantarei reflexões acerca da fonte e objeto da pulsão escópica em pessoas cegas.

Pode-se conceber que a montagem da pulsão funciona como uma gramática nas vozes ativa, passiva e reflexiva. No caso da pulsão escópica, por exemplo, temos:

a. Voz ativa — olhar: eu olho um objeto.

b. Voz passiva — sou olhado: eu sou olhado pelo Outro.

c. Voz reflexiva — se fazer ser olhado: eu me faço ser olhado pelo Outro.

A psicanálise mostra, por meio da dinâmica da pulsão em seus três tempos, que a pulsão escópica não se submete ao olho e à visão. A pulsão é mais do que uma parte do corpo. Trata-se de um objeto, e não um corpo reduzido aos órgãos e ao seu funcionamento fisiológico. O que interessa é o movimento circular e topológico do olhar enquanto objeto e da questão do desejo implicada na satisfação pulsional. Portanto, nada impede que, na pessoa cega, o circuito pulsional se instale e se satisfaça.

---

[98] Ibidem, p. 29.

Dessa forma, a pulsão escópica independe do bom funcionamento do olho. Segundo Quinet:

> O conceito de pulsão escópica permitiu à psicanálise restabelecer uma função de atividade para o olho não mais como fonte da visão, mas como fonte de libido. Onde os antigos têm o conceito de raio visual e o fogo do olhar, a psicanálise descobre a libido de ver e o objeto olhar como manifestação da vida sexual. Lá onde estava a visão, Freud descobre a pulsão.[99]

Freud[100] apresenta a pulsão escopofílica vinculada ao surgimento da curiosidade sexual da criança em ver o corpo do outro e que desperta a atividade de pesquisa por meio do ato de olhar. A criança toma o outro como objeto por meio da visão, que serve como a via pela qual a excitação libidinal é despertada com maior frequência ao prazer e à vergonha ao se exibir aos olhos dos outros. Diante disso, o campo visual entra em jogo na diferenciação do sexo e tem importância na significação sexual e no Complexo de Édipo.

Durante a pesquisa, foram encontradas outras aparições da pulsão escópica na obra freudiana. Cabe acentuar os trabalhos a respeito da constituição psíquica da diferença entre os sexos e do Complexo de Édipo, nos quais Freud observa dois momentos em que a criança se sente ameaçada pela possibilidade de perda. Ele acentua que, além das ameaças que a criança ouve dos adultos, devido às manifestações da curiosidade sexual, há também a ameaça visual, na qual a criança se depara com a ausência do pênis na mãe.

Freud, ao destacar que algo que é visto, gera consequências na estruturação psíquica e nos leva a pensar como o cego vivencia a diferença anatômica dos sexos e o complexo de castração, já que são também os efeitos provocados por algo que é visto, deixando marcas estruturais no sujeito. E, como resultado, o olhar terá dimensões diferentes nas estruturas clínicas.

---

[99] QUINET, A. Um Olhar a Mais: ver e ser visto na psicanálise. Rio de Janeiro: Jorge Zahar Ed., 2002. p. 10.
[100] FREUD, S. [1905]. Três ensaios sobre a Teoria da Sexualidade. In: FREUD, S. Um caso de histeria e Três ensaios sobre a teoria da sexualidade. Direção de Jayme Salomão. Rio de Janeiro: Imago, 1996. p. 163-195. (Edição standard brasileira das obras psicológicas completas de Sigmund Freud, 7).

A pulsão escópica, marcada por um dar-a-ver, é atravessada pelos aspectos culturais, tendo como um destino à incidência do recalque e, dessa forma, pode ser considerado um fator estruturante na neurose. Freud[101] aborda o sentido da visão na histeria e traz ensinamentos sobre o olho. Ele refere-se ao olho como um órgão que, além de perceber as mudanças e os riscos do mundo externo, é um local investido de energia libidinal, produtor de excitação, movido por duas pulsões: a pulsão parcial sexual e a pulsão de autoconservação. O autor atenta que é preciso levar em consideração processos conscientes e inconscientes no ato de ver e explicita o conflito entre as duas pulsões, porque há uma excitação do órgão. Ele aponta a pulsão parcial do olhar, em que "[...] os olhos percebem não só alterações no mundo externo, que são importantes para a preservação da vida, como também características dos objetos que os fazem ser escolhidos como objetos de amor — seus encantos".[102]

O olhar faz parte das pulsões sexuais porque é um ato realizado a partir de uma ação pulsional, que busca o alívio da tensão e a satisfação, como explica a autora Bichara:

> O olhar é objeto da pulsão, ao mesmo tempo em que ele resulta em uma ação: o olhar agarra, ele domina e é constituinte do sujeito. O sujeito se olha, olha-se no membro sexual e, nesse movimento auto-erótico, processa-se a pulsão escópica.[103]

A pulsão de olhar no início da sua atividade apresenta uma fase autoerótica, "[...] ainda que tendo um objeto, ela o encontra no próprio corpo. Só mais tarde ela é conduzida (pela via da comparação) a trocar esse objeto por um que seja análogo no corpo alheio".[104] Sobre isso, apresentarei, no próximo capítulo, mais detalhamento.

---

[101] FREUD, S. [1910]. A concepção psicanalítica da perturbação psicogênica da visão. In: FREUD, S. Cinco lições de psicanálise, Leonardo da Vinci e outros trabalhos. Direção de Jayme Salomão. Rio de Janeiro: Imago, 1996. p. 217-227. (Edição standard brasileira das obras completas de Sigmund Freud, 11).

[102] Ibidem, p. 227.

[103] BICHARA, M. O olho e o conto: as pulsões fazendo histórias. Mental, Barbacena, v. 4, n. 7, p. 85-105, nov. 2006. Disponível em: http://pepsic.bvsalud.org/scielo.php?script=sci_arttext&pid=S1679-44272006000200006&lng=pt&nrm=iso. Acesso em: 14 dez. 2021. p. 92.

[104] FREUD, S. [1915]. As pulsões e seus destinos. Tradução de Pedro Heliodoro Tavares. Belo Horizonte: Autêntica, 2017. p. 41. (Obras incompletas de Sigmund Freud).

Scheinkman[105] reforça que, com relação ao tempo anterior da pulsão escópica, o sujeito não pode olhar para si mesmo, sendo, dessa forma, necessário que ocorra o processo de inversão, no qual o sujeito seja o sujeito do olhar. E, para que isso ocorra, ele precisa estar do lado do objeto, na posição de ser olhado.

São os movimentos de olhar-se, olhar e ser olhado que tornam possível que o sujeito dê conta de si mesmo, da própria existência, das partes do corpo e da totalidade, permitindo que ele possa vislumbrar o mundo.

Sabemos que somos olhados por outrem. Somos seres olhados, como objeto a ser visto. Lacan[106] ressalta o caráter ativo do terceiro tempo da pulsão. O sujeito não é passivo nessa situação, ele suscita o olhar do outro. É o dar-a-ver que se trata, pois o sujeito se coloca no lugar de objeto a ser olhado pelo outro. Trata-se da reversibilidade simultânea do ver, ser visto e do colocar-se no lugar de objeto a ser visto.

Freud[107] propõe quatro destinos para a pulsão alcançar a meta. A reversão em seu contrário, o retorno à própria pessoa, o recalque e a sublimação. Os dois primeiros destinos nos ajudam a situar a montagem da pulsão e, desse modo, os tempos do sujeito no circuito pulsional.

Quando Freud aborda os destinos que as pulsões podem tomar, ele começa a descrição da pulsão escópica por meio da reversão em seu oposto. Nesse destino, trata-se do desdobramento da pulsão em dois processos diferentes: a passagem da atividade para a passividade e a inversão de conteúdo. O primeiro processo é exemplificado pelos pares sadismo-masoquismo e voyeurismo-exibicionismo, esse último muito nos interessa para pensar na relação do cego com o olhar. A reversão, aponta Freud[108], diz respeito à finalidade da pulsão ativa, como ver substituído pela passiva: ser visto.

---

[105] SCHEINKMAN, D. *Da Pulsão escópica ao olhar*: um percurso, uma esquize. Rio de Janeiro: Imago Ed., 1995.

[106] LACAN, J. [1964]. *O Seminário, livro 11*: os quatro conceitos fundamentais da psicanálise. Rio de Janeiro: Jorge Zahar Ed., 2008.

[107] FREUD, S. [1915]. *As pulsões e seus destinos*. Tradução de Pedro Heliodoro Tavares. Belo Horizonte: Autêntica, 2017. (Obras incompletas de Sigmund Freud).

[108] *Idem*.

A experiência clínica com pessoas com deficiência visual abriu caminhos para pensarmos na problemática da pulsão escópica, que independe se a pessoa enxerga ou não. Observamos que há um aspecto que nos causa curiosidade no cego quando eles arregalam os olhos. Bichara esclarece que "a alternância revela um jogo complementar entre o olhar e o ser olhado".[109] A autora indica um movimento pulsional ativo em direção ao objeto e um movimento passivo como um meio de manter a continuidade narcísica. Cabe pontuar que mesmo o movimento passivo implica o sujeito, pois a natureza da passividade é ativa. A autora diz ainda que "[...] na etapa preliminar da pulsão escópica, o prazer de ver tem o próprio corpo como objeto. Essa pulsão se relaciona com o narcisismo, que é passivo e de caráter masoquista".[110]

À medida que o exibicionismo inclui olhar para o próprio corpo, ocorre também o retorno em direção ao próprio eu. O destino da pulsão também nos leva a refletir sobre as pessoas cegas que utilizam as redes sociais, como o Instagram, e postam fotos de si a fim de mostrar-se para o outro, como veremos no quarto capítulo. Nota-se que se trata do modo pelo qual a pulsão é representada. Afinal, segundo Freud,[111] uma pulsão não pode se tornar um objeto da consciência, somente a ideia que a representa.

Afinal, seria o exibicionismo um destino possível para que a pulsão escópica do cego se satisfaça? Freud[112] ressalta que as pulsões que têm como finalidade o olhar e o mostrar-se também podem ser entendidas como uma atividade dirigida a um objeto alheio e ao retorno da pulsão de olhar para uma parte do próprio corpo. Com isso, há a reversão para a passividade e a nova finalidade: ser contemplado.

---

[109] BICHARA, M. O olho e o conto: as pulsões fazendo histórias. *Mental*, Barbacena, v. 4, n. 7, p. 85-105, nov. 2006. Disponível em: http://pepsic.bvsalud.org/scielo.php?script=sci_arttext&pid=S1679-44272006000200006&lng=pt&nrm=iso. Acesso em: 14 dez. 2021. p. 89.

[110] *Idem.*

[111] FREUD, S. [1905]. Três ensaios sobre a teoria da sexualidade. In: FREUD, S. *Um caso de histeria e Três ensaios sobre a teoria da sexualidade.* Direção de Jayme Salomão. Rio de Janeiro: Imago, 1996. p. 163-195. (Edição standard brasileira das obras psicológicas completas de Sigmund Freud, 7).

[112] FREUD, S. [1915]. *As pulsões e seus destinos.* Tradução de Pedro Heliodoro Tavares. Belo Horizonte: Autêntica, 2017. (Obras incompletas de Sigmund Freud).

Esses aspectos nos levam a pensar no percurso da pulsão em torno de algo, como assinala Almeida.[113] Esse caráter circular da pulsão é representado na figura apresentada por Lacan em *O Seminário, livro 11*, quando visualizamos a trajetória da pulsão, por meio da qual a satisfação equivale ao percurso em torno do objeto, ou seja, não se trata de atingir o objeto, mas, sim, de contorná-lo.

Figura 4 – Circuito pulsional

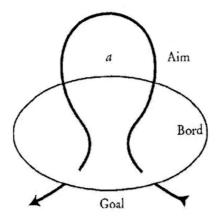

Fonte: Lacan (1964-65/2008, p. 175)

Almeida[114] explica que Lacan recorre aos termos em inglês *Aim* e *Goal*, que respectivamente podem ser traduzidos em trajeto e objetivo, para dividir o alvo da pulsão e demonstrar que o circuito da pulsão é constituído pelo trajeto percorrido em direção a um objetivo, e isso se repete ininterruptamente. E é nessa repetição que se comprova que o objetivo da pulsão, a satisfação, "não é outra coisa senão o retorno em circuito",[115] que se repete justamente porque a meta é inalcançável.

---

[113] ALMEIDA, R. *O objeto olhar e suas manifestações na psicose*: delírios de observação. 2002. Disponível em: https://docplayer.com.br/112108606-O-objeto-olhar-e-suas-manifestacoes-na-psicose-o-delirio-de-observacao.html. Acesso em: 9 jan. 2024.

[114] Idem.

[115] LACAN, J. [1964]. *O Seminário, livro 11*: os quatro conceitos fundamentais da psicanálise. Rio de Janeiro: Jorge Zahar Ed., 2008. p. 176.

Diferente de instinto, que é momentâneo e que possuiu objetos específicos, a pulsão possui constância e qualquer objeto pode ser adotado como pulsional, o que faz da satisfação um paradoxo. Lacan[116] questiona a noção de satisfação atrelada ao sentido de alcance de um determinado alvo, como se a satisfação tivesse um fim quando o objeto fosse alcançado, mas não se trata de um ponto de chegada.

Nesse movimento, um vazio é circunscrito. Salienta Almeida[117] que, devido à impossibilidade de ser atingido, algo é contornado. A presença de algo associado a esse vazio aponta para a natureza do objeto *a*, ao objeto perdido.

Quinet[118] afirma que esse circuito pode ser decomposto nos três tempos da pulsão — autoerotismo, voyeurismo e exibicionismo — que coexistem lado a lado. Essa estrutura circular indica que a atividade da pulsão se encontra no "se fazer": se fazer chupar, para a pulsão oral, ou se fazer olhar, para a pulsão escópica. Portanto, entende-se que os três tempos da pulsão escópica são: olhar-se, olhar e ser olhado.

A partir disso, é possível indagar se Freud, ao explicar a origem e o desenvolvimento da pulsão escópica, ampara-se no olhar ativo, o que pressuporia a existência de um olho vidente. Mas e nos casos das pessoas cegas? Como é para elas a atividade de olhar e olhar-se?

Não pode ser uma regra afirmar que o primeiro momento da pulsão escópica seja ativa ao olhar um objeto estranho ou parte do próprio corpo, mas, sim, deve-se considerar que se trata de uma posição passiva de ser olhado, sobre a qual todo bebê, com ou sem deficiência visual vivencia. Até mesmo porque, ao nascer, os olhos não estão em pleno funcionamento. Pode-se não enxergar com nitidez, mas a pulsão escópica se faz presente por meio do dar-a-ver desse bebê, que precisa ser olhado e cuidado para sobreviver.

---

[116] *Idem.*
[117] ALMEIDA, R. *O objeto olhar e suas manifestações na psicose*: delírios de observação. 2002. Disponível em: https://docplayer.com.br/112108606-O-objeto-olhar-e-suas-manifestacoes-na-psicose-o-delirio-de-observacao.html. Acesso em: 9 jan. 2024.
[118] QUINET, A. *Um Olhar a Mais*: ver e ser visto na psicanálise. Rio de Janeiro: Jorge Zahar Ed., 2002.

Embora Freud refira-se à pulsão de olhar, é apenas com Lacan, em *O Seminário 10: a angústia* e, também, em *O Seminário 11: os quatro conceitos fundamentais da psicanálise*, que teremos a conceituação da pulsão escópica e do objeto que lhe corresponde, o olhar. De acordo com o que Lacan proferiu em seu seminário sobre os quatro conceitos fundamentais da psicanálise, a pulsão escópica não tem representação no inconsciente e não se situa no nível da demanda, como é o caso para as pulsões oral e anal, que se escoram no circuito da demanda entre sujeito e ao Outro, que se expressa pela demanda de seio que o bebê faz à mãe, ou a demanda do Outro ao sujeito, na qual é a mãe que demanda as fezes de presente ao filho. A pulsão escópica não se escora em função fisiológica e não tem relação com a necessidade. Não temos a necessidade de ver, mas, sim, o desejo de olhar, elucida Quinet:

> A pulsão escópica não encontra apoio em uma demanda, como as pulsões oral e anal. Não há fase escópica no desenvolvimento libidinal pois o escopismo é constituinte da libido, do próprio desejo — eis por que a pulsão escópica é paradigmática da pulsão sexual. Ela confere ao olho a função háptica de tocar com o olhar, de despir, de acariciar com os olhos. O campo visual é ótico, mas a pulsão sexual o torna háptico.[119]

Referindo-se à capacidade do olho como zona erógena e de investir a distância o objeto sexual, Quinet destaca que o prazer do olho não se obtém pelo toque direto, como ocorre com a boca e ânus: "No caso da pulsão escópica, a satisfação se dissocia do prazer do órgão-olho. Sua satisfação, evidentemente, não é obtida pela manipulação dos olhos, mas por sua propriedade háptica [...]".[120]

Entende-se que o adjetivo háptico qualifica a relação entre a visão e o que é passível ao toque, ou, mais precisamente, entre o olho e a mão. Mas não existe, para a psicanálise, uma pulsão de tocar. Essa impulsão ao toque, salienta Quinet,[121] é comandada pela via escópica.

---

[119] QUINET, A. *Um Olhar a Mais*: ver e ser visto na psicanálise. Rio de Janeiro: Jorge Zahar Ed., 2002. p. 11.

[120] *Ibidem*, p. 78.

[121] QUINET, A. *O Inconsciente teatral*. Rio de Janeiro: Atos e Divãs Edições, 2019.

Freud[122] se refere à libido do olho enquanto zona erógena associada ao tocar. Assim como a atividade sexual de ver é derivada do tato, o desejo despertado pela visão do corpo escondido pelas roupas impele o sujeito a desnudar o outro, ou seja, ver é tocar e o ato de tocar é guiado pelo olho que erogeiniza o corpo, escreve Quinet.[123]

O espaço escópico confere consistência ao imaginário do campo visual não simplesmente pela via da visão, mas também por meio dos valores táteis subordinados ao sentido visual. "A libido escópica é a maneira que temos de tocar com o olhar. Os olhos substituem as mãos. Háptico é a função de tocar própria do olhar que se automatiza e se torna independente das mãos".[124]

O háptico tem mais relação com o olhar como objeto *a* do que com a função ótica. É devido à existência da função háptica que o empuxo ao toque pode advir. Como salienta, "A mão é serva do olhar, sendo guiada pela pulsão [...]".[125] Isso nos leva a pensar, por intermédio da clínica com pessoas com deficiência visual, na relação entre o tocar e o conhecer, por meio da qual o cego busca com as mãos conhecer o que há no mundo. É o desejo de saber comandado pela pulsão escópica e o olhar como objeto *a* que está em jogo. Conforme diz Quinet, "Olhar com as mãos e apalpar com os olhos são as duas faces de uma mesma pulsão".[126]

O olhar é destacado por Lacan como o objeto específico da pulsão escópica que não faz parte do sujeito, e, sim, dos objetos, sem se encontrar entre aqueles do mundo sensível, como indica o autor supracitado.

> O olhar em questão em psicanálise não é um olhar do sujeito e sim um olhar que incide sobre o sujeito, é um olhar inapreensível, invisível, pulsional. O olhar é um objeto apagado do mundo de nossa percepção, que não deixa, no entanto de nos afetar:

---

[122] FREUD, S. [1905]. Três ensaios sobre a teoria da sexualidade. *In:* FREUD, S. *Um caso de histeria e Três ensaios sobre a teoria da sexualidade*. Direção de Jayme Salomão. Rio de Janeiro: Imago, 1996. p. 163-195. (Edição standard brasileira das obras psicológicas completas de Sigmund Freud, 7).
[123] QUINET, A. *O Inconsciente teatral*. Rio de Janeiro: Atos e Divãs Edições, 2019.
[124] *Ibidem*, p. 77.
[125] QUINET, A. *Um Olhar a Mais*: ver e ser visto na psicanálise. Rio de Janeiro: Jorge Zahar Ed., 2002. p. 75.
[126] QUINET, A. *O Inconsciente teatral*. Rio de Janeiro: Atos e Divãs Edições, 2019. p. 78.

a visão predomina sobre o olhar excluindo-o do campo do visível. Nessa separação entre o olho e o olhar encontra-se a esquize do sujeito em relação ao campo escópico no qual se manifesta a pulsão.[127]

Por conseguinte, é preciso ir além daquilo que os olhos podem ver e, dessa forma, considerar o olhar enquanto pulsão escópica, não ligado apenas a seu órgão de origem, o olho. Soler provoca-nos com uma questão: "Para que o mundo seja visível, no sentido humano do termo, é preciso que ele seja visado por um desejo de ver. Daí a pergunta: com os olhos, mas sem a libido escópica, o que veríamos?"[128]

É possível conceber a relação entre a pulsão escópica e a derivação do desejo de ver em desejo de saber quando uma pessoa cega explora o ambiente com seus outros sentidos e quando pergunta a algum vidente sobre as características de um determinado objeto, como cores, por exemplo.

Pode-se pensar a identificação de cores decorre por meio daquilo que é apreendido por meio das palavras no registro do simbólico, e não mediante os aspectos visuais. Embora possa o cego ter apreensão do que é uma maçã pelo tato, por ser um objeto concreto, passível de ser tocado, as cores são incapazes de serem apreendidas dessa forma, pois são conceitos abstratos.

O campo visual seria, portanto, constituído pelas três dimensões estabelecidas por Lacan: o imaginário do espelho, o simbólico da perspectiva e o real da topologia, como destaca Quinet.[129] O autor salienta que "O registro do imaginário é o campo do visível, onde se encontra o mundo dos objetos perceptíveis e das imagens que segue a tópica especular".[130] Mas quem comanda é o simbólico, outra dimensão que age entre o real e o imaginário e os articula. Ele esclarece que o simbólico se reduz à relação do sujeito com o significante presente em todo fenômeno da visão. Em contrapar-

---

[127] QUINET, A. *Um Olhar a Mais*: ver e ser visto na psicanálise. Rio de Janeiro: Jorge Zahar Ed., 2002. p. 41.
[128] SOLER, C. Os fenômenos perceptivos do sujeito. *In*: SOLER, C. *O inconsciente a céu aberto da psicose*. Tradução de Vera Ribeiro. Rio de Janeiro: Jorge Zahar Ed., 2007. p. 37.
[129] QUINET, A. *Um Olhar a Mais*: ver e ser visto na psicanálise. Rio de Janeiro: Jorge Zahar Ed., 2002.
[130] *Ibidem*, p. 41.

tida, o real se articula ao registro pulsional, "[...] invisível aos olhos humanos, em que o olhar faz de todos (os que veem e os que não veem) seres vistos, mergulhados na visão".[131]

Para pensar no circuito da pulsão escópica diante da ausência do campo do visível, serão expostas, a seguir, reflexões que vieram à tona por meio da experiência da análise on-line com pessoas com deficiência visual.

2.2.1 A pulsão escópica e a análise on-line de pessoas com deficiência visual

Diante do cenário pandêmico e da necessidade de mantermos o isolamento social, foi necessário reformular o trabalho, e a modalidade on-line foi a via encontrada para recriar o espaço de análise junto aos pacientes, que até março de 2020 eram atendidos presencialmente na instituição.

Muitos foram os questionamentos sobre a possibilidade de se fazer análise à distância, como: a falta de privacidade, já que estávamos todos em casa, os problemas com a internet, e a ausência dos corpos do analista e do analisante em um mesmo ambiente físico. Surgiu ainda uma ideia capacitista por parte de um grupo de familiares que questionou a possibilidade da análise on-line com pessoas cegas. Justificaram que essas pessoas teriam dificuldades para manusear a ferramenta e não sentiriam a presença da analista, pois não estariam vendo ou sentindo a movimentação pela percepção cinestésica, como ocorre no consultório.

O celular tornou-se um canal para o trabalho, de manutenção dos laços sociais e, também, de análise em tempos de isolamento. E por que com pessoas com alguma deficiência visual seria diferente? Por que a análise on-line com deficientes visuais não seria possível? Qual seria a diferença da análise on-line com pessoas que enxergam?

Tratando-se do campo escópico, é preciso estabelecer algumas diferenças que fundamentam a nova prática. A primeira delas, vimos anteriormente com a diferença entre a visão e o olhar enquanto um objeto pulsional. E a segunda é que a presença do analista não

---
[131] *Ibidem*, p. 42.

se dá por meio dos corpos, mas, sim, com o ato analítico. Portanto, sustentar o endereçamento da associação livre e a transferência é perfeitamente possível na modalidade on-line.

Um primeiro ponto a destacar, que desmente a impossibilidade de a pessoa com deficiência visual fazer sua sessão de maneira remota, é que o telefone celular é um objeto que a maioria já manuseia diariamente sem necessitar de alguém que o auxilie, já que utiliza a tecnologia por meio das ferramentas de acessibilidade de forma independente.

Sobre a ausência dos corpos do analista e do analisante em um mesmo lugar físico, é preciso apontar que o dispositivo on-line não exclui o corpo, que se apresenta nas dimensões Imaginária, Simbólica e Real. Nessa modalidade de atendimento, há o encontro do analista e analisante no espaço cibernético, ao mesmo tempo, ao vivo, permitindo que as emanações pulsionais, voz e olhar, estejam presentes para além do imaginário dos corpos na tela, como operadoras da análise.

Na análise, não se trata do sentido visual, mas, sim, do olhar como objeto na fantasia. Lacan diz: "É de uma espécie de desejo ao Outro de que se trata, na extremidade do qual está o dar-a-ver".[132] O olhar é, na verdade, um fazer-se ver pelo Outro. E aqui precisamos lembrar que o ato de "fazer-se ver" é da ordem da fantasia do sujeito e independe do funcionamento neurofisiológico do olho. Lacan elucida que: "O olhar de que se trata é mesmo presença de outrem enquanto tal".[133]

Portanto, o analista não restringe o olhar ao que é visível. Não importa se o analisante enxerga ou não. A privação da visão por causa da deficiência, da análise por telefone ou por causa da câmera desligada não impede que a pulsão escópica se apresente e alcance a satisfação, pois, da mesma forma que a boca não corresponde inteiramente à fonte da pulsão oral, a fonte da pulsão escópica não se refere ao olho biológico. É o olhar na fantasia do analisante que está em jogo. E, na fantasia, o olhar enquanto objeto da pulsão se

---

[132] LACAN, J. [1964]. *O Seminário, livro 11*: os quatro conceitos fundamentais da psicanálise. Rio de Janeiro: Jorge Zahar Ed., 2008. p. 115.
[133] *Ibidem*, p. 87.

faz presente. É a relação com o Outro que faz surgir a pulsão, e não se trata da presença do Outro pela via da visão, mas pela posição de se colocar como seu objeto.

Sabemos que a técnica psicanalítica com o uso do divã é marcada pelo corte da visão, que favorece a associação livre. Freud, quando propõe o uso do divã, vislumbra um novo estatuto que pode ser entendido como os "olhos do inconsciente", e essa relação com o divã e o olhar nos suscita importantes contribuições à clínica com pessoas com deficiência visual, na medida em que não há o campo visual, como em analisantes videntes.

Freud[134] aconselha deixar que o paciente se deite em um divã, enquanto o analista se acomoda atrás dele. A posição do divã induz um estado propício ao surgimento de lembranças, conforme aponta Nasio e facilita, assim, a livre associação: "Ao se deitar um paciente modifica singularmente seu ponto de vista sobre si mesmo e sobre o mundo. Passa de uma visão vertical e exterior das coisas a uma visão onírica de sua vida interior".[135]

Referindo-se a Freud quanto ao uso do divã, Nasio[136] aponta para a relação entre o olhar e o dispositivo clínico. Ele alega que o olhar não é excluído do *setting* analítico, mas ganha um novo lugar a partir da introdução do divã, pois o campo visual é excluído, e não o olhar. Compreendemos, então, que o olhar, na experiência da análise, não é sinônimo de ver, conforme assinala Nasio. O autor aponta que "no dispositivo clínico não se vê, mas se olha [...]".[137]

Antonio Quinet, em seu livro *Análise online:* na pandemia e depois, aponta que: "Como operador da análise, o objeto *a* vai se presentificar pelo ato do analista, ou melhor, pelo desejo do analista em ato. O olhar e a voz presentificam o analista como semblante

---

[134] FREUD, S. [1913]. Sobre o início do tratamento. *In*: FREUD, S. *Fundamentos da clínica psicanalítica*. Tradução de Claudia Dornbusch. Belo Horizonte: Autêntica, 2018. p. 121-149. (Obras incompletas de Sigmund Freud).
[135] NASIO, J. D. *Um psicanalista no divã*. Tradução de André Telles. Rio de Janeiro: Jorge Zahar Ed., 2003. p. 12.
[136] NASIO, J. D. *O Olhar em psicanálise*. Tradução de Vera Ribeiro. Rio de Janeiro: Jorge Zahar Ed., 1995.
[137] *Ibidem*, p. 14.

de objeto *a* na análise".[138] Portanto, a presença do analista não se dá pelo corpo físico, mas, sim, com o ato analítico, que depende única e exclusivamente do analista, e não do espaço, seja ele o consultório, seja o espaço cibernético. O autor enfatiza que "É o ato analítico que vai fazer a análise manter-se propriamente como uma análise, o que é determinado pelo analista como semblante de objeto *a*",[139] pois o analista, diante do analisante, não está como um sujeito, e, sim, como semblante.

Freud[140] enfatiza que a única regra da psicanálise é a associação livre. Tomou-se como base esse fundamento freudiano para, em meio à pandemia, sustentar a prática psicanalítica sem perder o rigor teórico e técnico. Quinet[141] salienta que a associação livre é fundamental, mas que a presença do analista também é necessária. E essa se dá por meio do ato, da interpretação, do corte, para pontuar, equivocar, fazer o sujeito passar de uma cadeia de significante para outra, em que estão os significantes recalcados.

Foi possível notar com a prática clínica com pessoas com deficiência visual que a pulsão escópica e a pulsão invocante, presentes também na análise on-line, se prestam com eficiência à transferência, terreno necessário para o trabalho de análise existir.

2.3 O OLHAR COMO OBJETO A

Na obra de Freud, localizamos o termo objeto em muitos textos, nos quais ele aborda diferentes temáticas, como a da sexualidade, do amor, do narcisismo e do luto. Em 1895, no *Projeto para uma psicologia científica*, Freud fala do objeto como *das Ding*, a coisa. Ele explica, a partir da primeira experiência de satisfação, que o objeto nunca será encontrado, afinal, esse nunca existiu. E destaca que o encontro com o objeto na verdade não passa de uma ilusão. O que

---

[138] QUINET, A. *Análise online*: na pandemia e depois. Rio de Janeiro: Atos e Divãs Edições, 2021.
[139] *Ibidem*. p. 74.
[140] FREUD, S. [1913]. Sobre o início do tratamento. *In:* FREUD, S. *Fundamentos da clínica psicanalítica*. Tradução de Claudia Dornbusch. Belo Horizonte: Autêntica, 2018. p. 121-149. (Obras incompletas de Sigmund Freud).
[141] QUINET, A. *Análise online*: na pandemia e depois. Rio de Janeiro: Atos e Divãs Edições, 2021.

ocorre é uma alucinação no lugar desse objeto perdido. O sujeito, na tentativa de recuperar esse objeto, investe em novos objetos ininterruptamente e, assim, surge o desejo.

Quando se refere ao encontro da criança com o primeiro Outro, Freud aponta para uma marca, um traço que tal encontro deixa. É nesse sentido que se estabelece a noção de objeto perdido. Ou seja, a partir do primeiro encontro da criança com a mãe, surge um traço daquilo que se perdeu. O objeto, portanto, deixa um lugar vazio, uma marca de que falta algo. Por meio dessa marca, o objeto perdido se faz presente, sendo essa uma característica estrutural do sujeito.

Lacan[142] se baseia no texto de Freud (1895/1996), *Projeto para a psicologia científica*, para apontar que as relações de objetos são tentativas de reencontrar o objeto perdido. Já em *O Seminário, livro 10: a angústia* (1962-1963/2005), parte da falta do objeto perdido abordado por Freud para referir-se à noção do objeto da falta e a localizar o objeto *a* como objeto causa do desejo e, também, como objeto de angústia.

O conceito do objeto *a* problematiza a teoria do conhecimento, pois não tem consistência material, o que faz dele um objeto inapreensível e, dessa forma, não é correlato ao objeto da razão. E, por ser inapreensível, a via de acesso para nos certificar da sua aparição se dá por intermédio da angústia.

Lacan[143] deixa claro que, no percurso da angústia, o status designou inicialmente pela letra *a*. A manifestação evidente do objeto *a*, ou seja, sinal de sua intervenção, é a angústia. Isso não quer dizer que o "[...] objeto seja apenas o avesso da angústia, mas que ele só intervém, só funciona em correlação com a angústia".[144] E ainda que "A angústia, ensinou-nos Freud, desempenha em relação a algo a função de sinal",[145] isto é, a angústia é o sinal de certos momentos da relação do sujeito com o objeto *a*, que é aquilo que restou na relação entre o sujeito e o Outro.

---
[142] LACAN, J. [1956]. *O Seminário, livro 4*: a relação de objeto. Rio de Janeiro, Jorge Zahar Ed., 1995.
[143] LACAN, J. [1962-1963]. *O Seminário, livro 10*: a angústia. Rio de Janeiro: Jorge Zahar Ed., 2005.
[144] Ibidem, p. 98.
[145] Idem.

Esse resto concede ao sujeito um significante que irá marcá-lo. Sobre a função de resto, Lacan levanta a questão: "O que é o resto? É aquilo que sobrevive à provação da divisão do campo do Outro pela presença do sujeito".[146]

A marca que fica é análoga a um pedaço que lhe foi arrancado e o *a* é o que restou desse pedaço, é um resíduo da operação da entrada do sujeito no simbólico, no campo da linguagem, por meio do significante do Outro.

Cabe ressaltar que o termo objeto *a* (objeto pequeno a), introduzido por Lacan, parte da ideia de que o "*a*" é um nome que pode ser confundido com o outro, pois, na língua francesa, o "*a*" em questão provém de *autre*, traduzido para o português como outro. Entende-se, então, que o objeto *a* é algo do qual o sujeito se separou para se constituir, a marca de uma falta que corresponde àquilo que faz furo e mascara o fundo fundamental de angústia que marca a relação do sujeito com o mundo. Ou seja, o objeto *a* reveste imaginariamente a falta.

Miller, ao retomar as duas novas substâncias episódicas propostas por Lacan, que são o objeto escópico e o objeto invocante, ressalta que ambos, o objeto olhar e o objeto voz, "generalizam o status do objeto na medida em que não são situáveis em nenhum estágio. Não existe nem estágio vocal, nem estágio escópico".[147]

Lacan extraiu a ideia do olhar como objeto a partir da experiência psiquiátrica com o delírio de observação, aponta Miller.[148] Nessa forma de delírio, o paciente se queixa de estar sendo perseguido, interpretando sua relação com o Outro. Por vezes, esse Outro pode se encarnar enquanto aquilo que o vigia, que o controla e invade, pois, na psicose, o olhar tem consistência e está em todo lugar, consolidando a vertente real do objeto olhar, causa de angústia e aniquilamento do sujeito, como ressalta Almeida.[149]

---

[146] *Ibidem*, p. 243.
[147] MILLER, J. A. [1994]. "Jacques Lacan e a voz". *Opção Lacaniana online*, ano 4, n. 11, 2013. Disponível em: http://www.opcaolacaniana.com.br/pdf/numero_11/voz.pdf. Acesso em: 4 nov. 2021. p. 3.
[148] *Idem*.
[149] ALMEIDA, R. *O objeto olhar e suas manifestações na psicose*: delírios de observação. 2002. Disponível em: https://docplayer.com.br/112108606-O-objeto-olhar-e-suas-manifestacoes-na-psicose-o-delirio--de-observacao.html. Acesso em: 9 jan. 2024.

Enquanto o ver está se referindo à função do olho, à sensação e à percepção, o olhar, enquanto objeto, está no campo do Outro. Esse olhar que é objeto de desejo quando está velado e, quando algo falha na sustentação simbólica do imaginário, apresenta-se como causa da angústia.

Ao elaborar a estrutura do campo escópico a partir da esquize entre a visão e o olhar, Lacan faz referência ao quadro *Os embaixadores* de Hans Holbein, que ilustra a capa de *O Seminário 11* e que serve como exemplo para entendermos o estatuto do olhar na perspectiva lacaniana.

O quadro foi pintado em 1533 e representa, como podemos ver na figura a seguir, dois embaixadores diante de um móvel sobre o qual estão expostos objetos que remetem à música, à matemática, à astronomia. Mas há algo na parte inferior da pintura que não compõe a harmonia da cena. Um objeto estranho que, se olhado de frente, parece não fazer parte do quadro. É como uma mancha que suscita, no espectador, um estranhamento, pois concebe a ideia de que ela não deveria estar ali e, apesar de não ser da mesma categoria dos objetos expostos no cenário, chama atenção justamente por parecer algo de outra ordem.

Figura 5 – Os embaixadores

Fonte: "Hans, the Yonger Holbein" (2002-2017)[150]

---

[150] HOLBEIN, H. [1533]. Os embaixadores. *In: Hans, the Yonger Holbein* (2002-2017). Disponível em: https://www.hans-holbein.org/Jean-De-Dinteville-And-Georges-De-Selve-%60the-Ambassadors-1533.html. Acesso em: 17 jan. 2023.

É como se o objeto estragasse a pintura. Quinet elucida que:

> Ao ver o quadro de frente, o sujeito está no mundo da representação, com objetos do mundo sensível, simbólicos e culturais, mundo de poder e de conquista — eis o ponto de vista do sujeito da representação. Há, no entanto, um objeto que mancha o quadro, um objeto estranho que escapa ao mundo. É quando o espectador muda de posição e se coloca lateralmente: olhando o quadro de viés, ele muda de ponto de vista. E tudo que era do mundo da representação desaparece e o sujeito é confrontado por sua falta-a-ser, fora do mundo da representação, representado pela caveira que olha.[151]

Holbein utilizou a técnica da anamorfose, um fenômeno estético que, por meio do uso invertido das leis da perspectiva, retrata uma imagem tridimensional que fica deformada quando assume a bidimensão. Em outras palavras, a anamorfose permite que a imagem encarne modos de ver diferentes.

Se olhar em diagonal, o que se vê é uma caveira. Como disse Lacan: "reflete nosso próprio nada na figura do crânio de caveira. Utilização, portanto, da dimensão geometral da visão para cativar o sujeito, a relação evidente ao desejo que, no entanto, resta enigmático".[152]

A caveira, na função de mancha, arrebata o espectador, provocando-lhe estranheza, permite entrever o objeto e denuncia o que está velado. Conforme explica Quinet:

> O olhar como objeto a surge através da anamorfose da caveira como manifestação de seu poder de aniquilamento do sujeito, que fica medusado diante dela e remetido à sua própria castração, figurada por sua mortalidade. A caveira é o olhar do quadro olhando para o espectador. Este, de observador, torna-se visto. É o quadro quem olha.[153]

---

[151] QUINET, A. *Um Olhar a Mais*: ver e ser visto na psicanálise. Rio de Janeiro: Jorge Zahar Ed., 2002. p. 149-150.

[152] LACAN, J. [1964]. *O Seminário, livro 11*: os quatro conceitos fundamentais da psicanálise. Rio de Janeiro: Jorge Zahar Ed., 2008. p. 94-95.

[153] QUINET, A. *Um Olhar a Mais*: ver e ser visto na psicanálise. Rio de Janeiro: Jorge Zahar Ed., 2002. p. 149.

A tela ilustra um olhar que olha de volta, um olhar anterior ao sujeito, que marca a preexistência ao visto de um dado a ver. Torna-se evidente nessa pintura que algo escapa à visão e o que escapa pertence ao olhar. Segundo Lacan, "Esse quadro não é nada mais do que é todo quadro, uma armadilha de olhar. Em qualquer quadro que seja, é precisamente ao procurar o olhar em cada um de seus pontos que vocês o verão desaparecer".[154]

Ver é função do olho, mas olhar é objeto da pulsão escópica. Estamos diante da esquize entre o olho e o olhar. O olhar como objeto *a* é do sujeito, mas está do lado de fora. Ou seja, olhar está fora e, ao mesmo tempo, incide sobre o sujeito.

O que nos seduz e nos põe em jubilação na pintura é sua armadilha, o objeto *a* enquanto olhar. A imagem serve para a mediação entre o sujeito e o ponto do olhar. Ela serve como anteparo e se situa entre o olhar, que não se deixa capturar, e o sujeito, configurando o que Lacan[155] chama de quiasma do campo escópico.

Lacan[156], ao trabalhar a distinção entre o ver e o olhar, desenha um esquema triangular, no qual apresenta o entrecruzamento de dois triângulos. Ele enfatiza, na figura, o ponto geometral, o ponto luminoso e o quadro. O primeiro triângulo representa a relação entre o sujeito que vê e os objetos dados pela perspectiva; e o segundo, a relação entre o sujeito visto e a luz que representa o olhar. Dessa maneira, os objetos e o olhar estão de um lado e, do outro, há o sujeito. Ele diz que o triângulo do campo geometral nos permite entrever como o sujeito é capturado pela visão. O outro triângulo me faz quadro sob o objeto olhar. O ponto luminoso equivale ao ponto do olhar, que precisa ser barrado para que a visão se produza.

---

[154] LACAN, J. [1964]. *O Seminário, livro 11*: os quatro conceitos fundamentais da psicanálise. Rio de Janeiro: Jorge Zahar Ed., 2008. p. 91.
[155] *Idem*.
[156] *Idem*.

Figura 6 – Quiasma do campo escópico

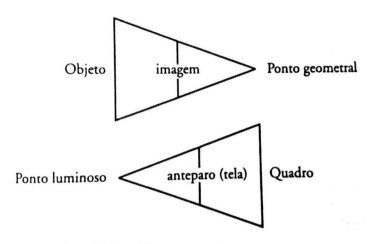

Fonte: Lacan (1964/2008, p. 93)

O quiasma do campo escópico se constitui como resultado do entrelaçamento dos dois triângulos; de um lado, o ver e, do outro, o ser visto. Ou seja, um sustentado pelo sujeito que vê, e o outro causado pelo objeto olhar. Concebe-se, então, que

> [...] o mundo visual é um entrelaçamento do mundo de quem olha (sustentado pelo sujeito da representação) e do mundo de quem é olhado (causado pelo objeto olhar). É um quiasma constituído, por um lado, pelo plano geometral, dado pela conjunção do simbólico e do imaginário, e, por outro, pela luz que representa a presença do olhar.[157]

Portanto, o quiasma é constituído, por um lado, pelo plano geometral, dado pela conjunção do simbólico e do imaginário e, por outro, pela luz que representa a presença do olhar, reforça Quinet.[158]

---

[157] QUINET, A. *Um Olhar a Mais*: ver e ser visto na psicanálise. Rio de Janeiro: Jorge Zahar Ed., 2002. p. 151.
[158] *Idem*.

Figura 7 – Quiasma do campo escópico

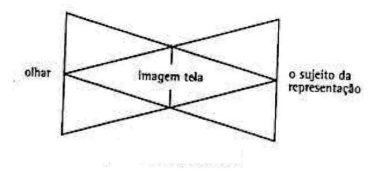

Fonte: Lacan (1964/2008, p. 107)

Lacan explica que:

> Na linha direita se acha então situado o vértice do primeiro triângulo, ponto do sujeito geometral, e é nessa mesma linha que me faço também quadro sob o olhar, o qual deve ser inscrito no vértice do segundo triângulo. Os dois triângulos estão aqui superpostos, como o são, de fato, no funcionamento do registro do escópico.[159]

O essencial no campo escópico, portanto, está relacionado ao ponto luminoso que representa o olhar, e não com a perspectiva. Lacan conta uma estória de um rapaz que estava no mar para explicar a relação do sujeito e a luz. Ele narra que uma lata de sardinha boiava na superfície das ondas sob o reflexo do sol. "E Joãozinho me diz — Tá vendo aquela lata? Tá vendo? Pois ela não tá te vendo não!"[160] Salienta que, num certo sentido, a lata olhava.

"Ela me olha, quer dizer, ela tem algo a ver comigo, no nível do ponto luminoso onde está tudo que me olha, e aqui não se trata de nenhuma metáfora".[161]

---
[159] LACAN, J. [1964]. O Seminário, livro 11: os quatro conceitos fundamentais da psicanálise. Rio de Janeiro: Jorge Zahar Ed., 2008. p. 106-107.
[160] Ibidem, p. 97.
[161] Idem.

Algo se pinta graças à luz que olha. Para Lacan, o que determina a instituição do sujeito no visível é o olhar que vem de fora e "É pelo olhar que entro na luz, e é do olhar que recebo seu efeito".[162] Ele usa o termo "sou foto-grafado" para explicar essa relação do efeito da luz que o sujeito recebe por intermédio o olhar. O olhar é, assim, instrumento pelo qual a luz se encarna.

Esse olhar de fora aponta que no campo escópico, somos olhados, somos quadro. "[...] é inteiramente claro que vejo fora, que a percepção não está em mim, que ela está sobre os objetos que apreende. E, no entanto, percebo o mundo numa percepção que parece depender a imanência do *vejo-me ver-me*".[163]

A esquize do olho e do olhar aparece como mancha e suscita o estranhamento. Lacan diz "eu sou uma coisa no quadro, é também sob essa forma de anteparo, que ainda pouco chamei de mancha".[164] É a reversibilidade de ser espectador e quadro simultaneamente, do ver e ser visto, que captura o olhar na sua forma de objeto de desejo e causa de angústia.

O romance de Oscar Wilde (1854-1900), *O retrato de Dorian Gray* (1891/2018), nos serve de ilustração, pois, como escreveu o autor ao descrever a relação do pintor Basílio Hallward com o jovem e belo Dorian Gray, que foi a sua fonte de inspiração para a pintura. "[...] todo retrato pintado com sentimento é um retrato do artista, não do modelo. O modelo é mero acidente, algo ocasional. Não é o modelo que é revelado pelo pintor; mas antes o pintor quem, na tela colorida, revela-se a si mesmo".[165] Basílio dizia que, antes de conhecer Dorian Gray, era senhor de si mesmo, mas, quando o conheceu, ficou fascinado e o jovem passou a ser o seu motivo para a arte.

> Dorian, desde que o conheci, sua personalidade teve uma influência extraordinária sobre mim. Eu me vi dominado, alma, pensamento e força, por

---

[162] Ibidem, p. 107.
[163] LACAN, J. [1964]. *O Seminário, livro 11*: os quatro conceitos fundamentais da psicanálise. Rio de Janeiro: Jorge Zahar Ed., 2008. p. 84.
[164] Ibidem, p. 98.
[165] WILDE, O. [1891]. *O retrato de Dorian Gray*. Tradução de Alexandre Barbosa de Souza. São Paulo: Via Leitura, 2018. p. 10-11.

você. Você se tornou pra mim a encarnação visível do ideal jamais visto cuja lembrança assombra os artistas como um sonho magnífico. Passei a idolatrá-lo. Passei a sentir ciúmes de todas as pessoas que falavam com você. Quis tê-lo só pra mim. Só estava feliz quando estava com você. Quando você não estava comigo, ainda assim estava presente na minha arte [...].[166]

Mesmo com toda beleza retratada no quadro que Basil pintou de Dorian Gray, ele não queria que fosse exposto, pois o pintor tinha medo de ter mostrado o segredo da própria alma. Ele sentiu que havia se revelado em excesso e que pusera demais de si no quadro, sendo esse o motivo de jamais permitir que o quadro fosse exposto. Dorian foi para Basil um ideal, "Amiúde, quando achamos que estamos fazendo experiências com os outros, na verdade estamos experimentando a nós mesmos".[167]

Perceber-se, a partir de outrem, como um segundo eu mesmo é algo que encontramos em Lacan no estádio do espelho, sobre o qual será exposto em minúcias no capítulo seguinte.

Outro fragmento extraído do romance que aponta para o olhar como objeto *a*, que é objeto de desejo e causa de angústia, está na relação do próprio Dorian Gray com seu retrato. Dorian também ficou fascinado pelo quadro, como se o retrato fosse parte dele. Mas algo estranho aconteceu com o retrato que alterava a sua beleza. Para Dorian, era como se estivesse se olhando no reflexo do espelho, por isso passou a evitar se olhar no quadro, pois, cada vez que olhava, surpreendia-se com esse sentimento de estranheza diante do próprio retrato. Disse: "Esse retrato seria para ele o mais mágico dos espelhos. Assim como revelara o próprio corpo, revelaria sua própria alma".[168] O quadro contava a sua história e guardava o segredo de sua vida, o pecado estava visível nas marcas de maldade. Algo fatal no quadro que faz com que ele tenha vida própria. Antes despertava a paixão do espectador, mas depois algo na expressão que o fez sentir repulsa.

---

[166] *Ibidem*, p. 113.
[167] *Ibidem*, p. 61.
[168] *Ibidem*, p. 106.

A emergência desse olhar estrangeiro causa de angústia, é tratado por Freud (1919/2020) no texto *Das Unheimliche*, que foi traduzido para o português como *O infamiliar*. Em uma nota de rodapé, o autor traz um relato que aponta para a relação do estranho com o olhar quando Freud se viu na imagem do outro. Ele conta que, em uma viagem, estava sozinho numa cabine do trem e que, com o efeito de um movimento brusco, a porta que dava acesso ao banheiro se abriu e ele viu um homem mais velho de pijama e boné entrando em sua cabine. Freud suspeitou que o homem houvesse se enganado de direção e, ao levantar-se para adverti-lo, viu-se surpreendido por uma experiência estranha. Perplexo, percebeu que o invasor em questão era sua própria imagem refletida no espelho da porta da cabine.

Por meio do conto de Hoffmann, *O homem de areia*, Freud[169] aborda a estranheza e o efeito inquietante relacionado à privação dos olhos como equivalente à castração, logo, a fonte de angústia. O conto traz como ilustração um homem mau que joga areia nos olhos das crianças quando elas não querem dormir, os arranca e coloca num saco para que sejam comidos. A fantasia de angústia da criança de machucar ou perder os olhos associa-se ao sentimento aterrorizante ligado aos olhos roubados pelo homem de areia. Freud reforça que esse sentimento que provoca mal-estar "[...] diz respeito ao aterrorizante, ao que suscita angústia e horror [...]".[170] É algo que assustada, inquieta, causa estranheza para o sujeito justamente por lhe parecer familiar, remetendo ao velho conhecido, mas que dele nada se sabe. O familiar se torna estranho e por isso provoca angústia e terror.

O infamiliar nada tem de novo, é algo íntimo da vida anímica que foi afastado pelo recalque. Em outras palavras, o angustiante é algo recalcado que retorna causando estranheza. Segundo Freud, "O infamiliar é, então, também nesse caso, o que uma vez foi doméstico,

---

[169] FREUD, S. [1919]. *O infamiliar e outros escritos*. Tradução de Ernani Chaves e Pedro Heliodoro Tavares. Belo Horizonte: Autêntica, 2020. (Obras incompletas de Sigmund Freud).
[170] Ibidem, p. 29.

o que há muito é familiar. Mas o prefixo de negação 'in-' [Un-] nessa palavra é a marca do recalcamento".[171] A psicanálise afirma que o afeto se transforma em angústia por meio do recalque.

Freud[172] reforça que a castração se expressa por meio do duplo, que se tornou imagem do horror. Ele diz que a angústia é sempre angústia de castração, que se realiza pela via do escópico. Portanto, a castração é a ótica fazendo com que a angústia tenha uma relação estreita com o olhar. Ou seja, a angústia se situa no nível escópico do objeto *a*. Logo, o olhar enquanto objeto *a* possui duplo aspecto: é objeto de desejo e causa de angústia.

O mito de Medusa aponta para as duas vertentes do objeto *a* e serve como ilustração para abordar a relação do campo escópico com a castração, uma vez que Medusa é um personagem mítico caracterizado pelo olhar, tendo o poder de transformar em pedra quem a encarar.

Freud, em diversos momentos de sua obra, faz referências à mitologia para desenvolver sua teoria. Em 1922, ele escreve um ensaio intitulado *A cabeça da Medusa*, que só foi publicado em 1940. O autor refere-se à relação do olhar e da imagem com a castração. Ele sublinha que o estudo dos sonhos, das fantasias e dos mitos ensinou sobre a angústia relativa aos olhos e o medo de ficar cego que, com frequência, é um substituto do medo da castração.

A mitologia conta que todo aquele que olhasse nos olhos da Górgona seria imediatamente transformado em uma estátua de pedra. Segundo Freud,[173] o efeito desse olhar, que penetra, invade, causa horror e estranheza, é traduzido pela angústia de castração.

A cabeça da Medusa decapitada, indica Freud,[174] apresenta um estatuto de representação imaginária de castração simbólica. Em outras palavras, indica a temática da castração ao associar o terror

---

[171] *Ibidem*, p. 95.
[172] *Idem*.
[173] FREUD, S. [1940 [1922]]. A cabeça da medusa. *In:* FREUD, S. *Além do princípio de prazer, psicologia de grupo e outros trabalhos*. Direção de Jayme Salomão. Rio de Janeiro: Imago, 1996. p. 289-290. (Edição standard brasileira das obras psicológicas completas de Sigmund Freud, 18).
[174] *Ibidem*.

da cabeça decapitada de Medusa, que suscita horror ao espectador, ao terror da castração relacionado à visão de alguma coisa. Como elucida Quinet, "A inquietante estranheza é o que traduz, em termos freudianos, a angústia de castração, pois a Górgona é uma representação do sexo da mulher, como apontou Freud".[175]

> O olhar como objeto a que se apresenta na máscara de horror de Medusa com seu olhar fixo e penetrante, longe de escamotear a castração, a evoca e, assim, como o sexo da mulher no complexo de castração é causa de horror. Mas o olhar no lugar do sexo da mulher é, também, causa de desejo pois, segundo a interpretação freudiana, a transformação em pedra daquele que cruza o olhar da Medusa equivale à ereção do pênis.[176]

Medusa, aponta Freud,[177] é uma representação do sexo da mulher relacionada à angústia de castração, por ser capaz de causar horror e transformar em pedra quem a olha, mas também, segundo a interpretação freudiana, esse olhar atinge o homem, causando desejo e provocando ereção.

Freud[178] explica que essa característica da imagem tem a função de desviar. Nesse sentido, a imagem que causa horror ao espectador da cabeça de medusa decapitada desvia o sujeito do que seria insuperável, ou seja, da ausência da imagem enquanto tal. Podemos entender que se trata do objeto *a*, que deveria ficar escondido, mas que se manifesta como um olhar mortífero. Pois, por mais terror que a imagem possa suscitar, é menos angustiante do que a falta total de imagem.

No mito também é possível reconhecer, nos dois artifícios usados por Perseu para decapitar Medusa, o campo escópico em cena. O primeiro refere-se ao capacete de Hades que Perseu utiliza

---

[175] QUINET, A. *Um Olhar a Mais*: ver e ser visto na psicanálise. Rio de Janeiro: Jorge Zahar Ed., 2002. p. 93.
[176] Idem.
[177] FREUD, S. [1940 [1922]]. A cabeça da medusa. *In*: FREUD, S. *Além do princípio de prazer, psicologia de grupo e outros trabalhos*. Direção de Jayme Salomão. Rio de Janeiro: Imago, 1996. p. 289-290. (Edição standard brasileira das obras psicológicas completas de Sigmund Freud, 18).
[178] Ibidem.

para ficar invisível e conseguir se aproximar de Medusa. E o segundo é o espelho que lhe permite vê-la sem precisar que os seus olhos cruzassem diretamente com ela. Encorajado, Perseu arrancou a cabeça de Medusa, mas, ainda assim, o efeito não acabou e aquele que olhava para a cabeça decapitada também se transformava em pedra.

Outra referência encontrada nas obras de Freud é quando ele articula o complexo de Édipo ao complexo de castração. O psicanalista utiliza a peça de Sófocles, mais precisamente do ato no qual Édipo, devido à relação sexual com a mãe, se pune, furando os próprios olhos como um ato análogo à castração. A cegueira surge aqui como uma metáfora na relação com a castração e pode ser interpretada como não querer saber. O que ele viu bastou para furar os olhos e perder a visão.

Quinet assinala que o autocegamento de "[...] Édipo nos leva da visão ao olhar".[179] Édipo abre mão da visão e se coloca no lugar de objeto *a* olhar, tornando-se um cego-vidente, interpreta o autor.

Como registrado anteriormente, o olhar não é um atributo do sujeito, que dele se serve como um instrumento, e o campo escópico não se reduz à visão. Qual, então, seria a natureza do olhar que afeta o cego?

É possível compreender que o olhar é uma das formas de apresentação do objeto *a*, e não uma peculiaridade daquele que possui as funções do olho saudável. O olhar não está no sujeito, ele incide sobre o sujeito e possui função de objeto por ser aquilo que é impossível de ser apreendido.

Lacan elucida que:

> O olhar pode conter em si mesmo o objeto a da álgebra lacaniana, no qual o sujeito vem fracassar, e o que especifica o campo escópico e engendra a satisfação que lhes é própria, é que lá, por razões de estrutura, a queda do indivíduo fica sempre despercebida, pois ela se reduz a zero. Na medida em que o olhar, enquanto objeto a, pode vir a simbolizar a falta

---

[179] QUINET, A. *Édipo ao pé da letra*: fragmentos de tragédia e psicanálise. Rio de Janeiro: Jorge Zahar Ed., 2015. p. 91.

central expressa no fenômeno da castração, e que ele é objeto a reduzido, por sua natureza, a uma função punctiforme, evanescente — ele deixa o sujeito na ignorância do que há para além da aparência [...].[180]

Quinet torna claro que não se trata de um objeto passivo da percepção, mas de um objeto ativo pelo qual o sujeito é subvertido. É o olhar como objeto *a* o que dá a visibilidade ao vidente. "Ele é objeto que causa seu desejo e que não está ausente quando a angústia se faz presente. Trata-se do olhar como objeto a da álgebra lacaniana".[181] Para o autor:

> No que diz respeito ao campo de nossa pesquisa sobre o campo visual, o olhar como objeto a é *um modo de apagamento do sujeito* — é um modo de o sujeito se colocar em relação ao gozo, e também uma modalidade de apagamento diante do objeto causa do desejo. O olhar é a causa do sujeito escópico, aquele que, no campo visual, é sujeito do desejo, e para isso é preciso que o sujeito consinta em se apagar diante do objeto olhar.[182]

Lacan[183] interroga: como, então, vamos tentar imaginar o olhar se ele é avesso à consciência? O objeto *a* pertence ao registro do real, não é assimilável pelo significante e não possui inscrição racional. Também, de todos os objetos que o sujeito pode reconhecer a sua dependência no registro do desejo, o olhar se especifica como inacessível. É por isso que ele é, mais do que qualquer outro objeto, desconhecido, salienta o psicanalista. Não há imagem do olhar. Esse caráter incomensurável é efeito de não vermos o olhar.

Nasio explica que o olhar em si, enquanto gozo do ato pulsional, não se vê, embora possamos ter evocações. "O olhar enquanto gozo não se vê, é como diz Lacan: o objeto *a* não é especularizável, não tem imagem, o objeto *a* nunca é visto".[184]

---

[180] LACAN, J. [1964]. *O Seminário, livro 11*: os quatro conceitos fundamentais da psicanálise. Rio de Janeiro: Jorge Zahar Ed., 2008. p. 80.
[181] QUINET, A. *Um Olhar a Mais*: ver e ser visto na psicanálise. Rio de Janeiro: Jorge Zahar Ed., 2002. p. 18.
[182] *Ibidem*, p. 67.
[183] LACAN, J. [1964]. *O Seminário, livro 11*: os quatro conceitos fundamentais da psicanálise. Rio de Janeiro: Jorge Zahar Ed., 2008.
[184] NASIO, J. D. *O Olhar em psicanálise*. Tradução de Vera Ribeiro. Rio de Janeiro: Jorge Zahar Ed., 1995. p. 55.

O olhar também tem essa qualidade de não se ver; eu diria que, de todas as dejeções, de todos os produtos de nosso corpo, o olhar é o menos visto. Posso vê-lo no espelho, posso reconhecê-lo, mas nunca poderei ver o olhar.[185]

É devido ao caráter não visível do olhar que também podemos chamá-lo de -φ. Lacan[186] situa o local em que o objeto *a* simboliza a falta central do desejo por -φ, algoritmo da castração. Logo, entende-se que, se o objeto *a* ocupa o lugar de -φ, a parte da imagem não capturada não aparece, afinal, não existe imagem da falta.

Julien indaga: "A que remete esta fenda entre o olho e o olhar? A um buraco no imaginário, a um buraco na imagem do Outro -φ: onde está colocado o objeto a".[187] O autor elucida que o olhar, no campo do Outro, é mancha para a visão de meu olho. E que a "fenda" entre o olhar e o olho tem o efeito de real: "O que olho jamais é o que quero ver no Outro, do Outro. O que me é apresentado é um véu, isto é, algo além do que demando ver".[188] No próximo capítulo, com base no esquema óptico, essa referência será retomada com mais detalhes.

O olhar enquanto objeto *a* simboliza a falta. Na neurose, o olhar está perdido e é pela fantasia que o neurótico busca reencontrá-lo, observando se o eu está à altura dos ideais, que são sempre inalcançáveis.

No registro do imaginário, o que está em jogo é a busca por sentido, a completude da imagem que irá encobrir o objeto, mas, quando esse encobrimento falha, advém a outra face do objeto, a angústia. Lacan[189] afirma que o objeto *a* é suporte para o desejo e

---

[185] *Ibidem*, p. 50-51.

[186] LACAN, J. [1964]. *O Seminário, livro 11*: os quatro conceitos fundamentais da psicanálise. Rio de Janeiro: Jorge Zahar Ed., 2008.

[187] JULIEN, P. O furo no imaginário. In: JULIEN, P. *O Retorno a Freud de Jacques Lacan*: A Aplicação ao Espelho. Tradução de Angela Jesuino e Francisco Franke Settineri. Porto Alegre: Artes Médicas Sul, 1993. p. 137.

[188] *Ibidem*, p. 136.

[189] LACAN, J. [1958-1959]. *O Seminário, livro 6*: o desejo e sua interpretação. Rio de Janeiro: Jorge Zahar Ed., 2016.

se apresenta também como angústia, pois ele se constitui na falta. A partir do momento em que algo falha nessa tentativa de encobrir o objeto, a angústia aparece. Por isso, há a necessidade de um anteparo para mediar essa relação entre sujeito e objeto. E esse anteparo é a fantasia.

O objeto a se inscreve no simbólico em forma de fantasia, substrato imaginário do desejo. Sobre ele, Lacan diz que "Anunciou-se na fórmula da fantasia como suporte do desejo, ($\$◊a$), $\$$ desejo de a".[190] Logo, o matema da fantasia representa a relação do sujeito com o objeto. Em outras palavras, a fantasia irá intervir na relação entre sujeito e objeto por meio dos significantes.

Foi a partir da cena primária que Freud desenvolveu suas ideias sobre a fantasia. Para ele, a fantasia é como um eco das lembranças infantis recalcadas, pois essa cena possui um caráter traumático para o sujeito e é produzida como uma encenação pelo desejo sexual inconsciente. Marco Antonio Coutinho Jorge reforça que "A fantasia é sempre fantasia de relação sexual possível, e atravessar a fantasia é deparar-se com o impossível em jogo na relação sexual".[191]

Um exemplo encontrado na obra freudiana é o caso conhecido como o Homem dos Lobos, no qual Freud[192] discorre sobre o caráter real ou fantasioso das cenas da infância a partir do relato de seu paciente.

O psicanalista atende o homem dos lobos já na fase adulta, mas não se concentra nos sintomas atuais. Em vez disso, o que move a escuta clínica de Freud é a cena primária de quando o analisante tinha apenas um ano e meio de idade e viu o coito entre os pais. A cena do coito por trás provocou intensa angústia no menino pelo fato de ele não conseguir entender a situação e se deparar com a diferença sexual e a castração.

---

[190] LACAN, J. [1962-1963]. *O Seminário, livro 10*: a angústia. Rio de Janeiro: Jorge Zahar Ed., 2005. p. 113.

[191] JORGE, M. A. C. *Fundamentos da psicanálise de Freud a Lacan, vol. 2*: a clínica da fantasia. Rio de Janeiro: Jorge Zahar Ed., 2010. p. 85.

[192] FREUD, S. [1918 [1914]]. *História de uma neurose infantil*: O Homem dos Lobos. Tradução de Eudoro Augusto Macieira de Souza. Rio de Janeiro: Imago Ed., 2003.

Freud[193] aponta que a cena não é reproduzida como lembranças, mas como produto de construção. A fantasia é, portanto, determinada pelo simbólico, que, para o sujeito, aparece como sendo da ordem do imaginário. Segundo Lacan, "A fantasia, nós a definiremos, se vocês quiserem, como o imaginário aprisionado num certo uso de significante".[194]

> [...] ela não é uma imagem cega do instinto de destruição, não é uma coisa em que o sujeito — por mais que eu mesmo me esforce por criar imagens para lhes explicar o eu quero dizer — se enfuraça de repente diante de sua presa, mas é algo que não apenas o sujeito articula num roteiro, como no qual ele próprio coloca em cena.[195]

A fantasia que participa do imaginário só adquire função por meio dos significantes. Portanto, é por meio somente dos significantes que conhecemos o olhar como objeto na fantasia do analisante, que, em análise, faz emergir as questões que permeiam esta obra.

Scheinkman reforça que se trata "Da encenação do desejo, do olhar encoberto por imagens e máscaras que pertencem à visão".[196] A autora assinala que:

> Do ponto de vista da pulsão, no que concerne ao tempo anterior da pulsão escópica, o sujeito não pode olhar para si mesmo. Como afirma Freud, é preciso justamente um processo de inversão em que o sujeito seja o sujeito do olhar e, em virtude disso, esteja do lado do objeto, na posição de ser olhado.[197]

Parte da análise do homem dos lobos gira em torno da cena primária não elaborada e que retornou no sonho, no qual o analisante de Freud relata que estava em sua cama e que, de repente,

---

[193] *Ibidem.*
[194] LACAN, J. [1957-1958]. *O Seminário, livro 5*: as formações do inconsciente. Rio de Janeiro: Jorge Zahar Ed., 2020. p. 421.
[195] *Ibidem*, p. 421.
[196] SCHEINKMAN, D. *Da Pulsão escópica ao olhar*: um percurso, uma esquize. Rio de Janeiro: Imago Ed., 1995. p. 57.
[197] *Ibidem*, p. 59.

a janela se abriu e ele viu, nos galhos de uma árvore, lobos. Ele se sente olhado pelos lobos e angustiado porque esse olhar que vem de fora lhe convoca algo. A cena primitiva retorna como objeto de discussão desse sonho, como a fantasia de castração.

A fantasia, situada no nível escópico da pulsão, se dá a partir da cena primária que se refere ao encontro traumático do sexo. O olhar, marcado pelo dar-a-ver, convoca o Homem dos Lobos a esse lugar do sujeito como um objeto a ser olhado no cenário da fantasia. Freud escreve que há aí um "[...] intercâmbio de sujeito e objeto, de atividade e passividade: ser olhado em vez de olhar".[198] O analisante, que primeiro olha os pais, no sonho, quando ele passa a ser olhado pelos lobos, é o objeto olhado, já que o olhar se volta para ele.

A fantasia garante a sustentação do desejo, pois é um meio, uma possibilidade de relação com objeto *a*, visando dar sentido e estruturar o olhar. O objeto comparece no lugar da falta, mas ele não tem imagem. É a fantasia a responsável pela simulação da presença do objeto, que, como sabemos, não existe e nem nunca existiu fora desde o início alucinado. Esse lugar que é marcado pela ausência do falo e é preenchido, na fantasia, pelo objeto *a* revestido imaginariamente a fim de mascarar a angústia proveniente da castração. Mas a angústia é um afeto que não engana, pois de alguma forma, ela comparece, pois conforme nos diz Lacan "[...] ela não é sem objeto".[199]

Vimos que, por meio de diversos exemplos, o objeto *a* e a sua dupla função de ser objeto de desejo e causa de angústia escapam ao sentido visual e à linguagem, manifestando-se não só na angústia, mas também na construção da fantasia. Desse modo, é possível compreender a natureza do olhar que afeta a pessoa com deficiência visual. No próximo capítulo, estudaremos o olhar na constituição do sujeito a fim de alcançar conhecimento acerca da formação da imagem para esse grupo de pessoas.

---

[198] FREUD, S. [1918 [1914]]. *História de uma neurose infantil*: O Homem dos Lobos. Tradução de Eudoro Augusto Macieira de Souza. Rio de Janeiro: Imago Ed., 2003. p. 37.

[199] LACAN, J. [1962-1963]. *O Seminário, livro 10*: a angústia. Rio de Janeiro: Jorge Zahar Ed., 2005. p. 101.

3

O OLHAR NO ESPELHO

Ao longo da pesquisa, me deparei com diversas menções ao olhar como fator constituinte para o sujeito. Na clínica com pessoas com deficiência visual, surgiu uma questão sobre a apreensão da imagem corporal e, consequentemente, sobre a formação do eu para pessoas que nasceram cegas. De início, questionei se a percepção visual é constitutiva do eu e se o estádio do espelho é exclusivo para aquele que enxerga. Como, então, poderíamos entender o estádio do espelho nos casos das pessoas que nascem cegas de ambos os olhos? Como ocorre a formação do eu nos casos de pessoas com cegueira congênita, considerando a importância da imagem especular? É somente por meio da visão que a imagem pode ser construída? E como se daria a inscrição da dimensão imaginária nessas pessoas?

Desses questionamentos, surgiu a elaboração do terceiro capítulo deste livro. O interesse é aprofundar o estudo sobre o olhar no estádio do espelho, esquema lacaniano responsável por ser formador da função do eu e que permite pensar sobre a apreensão da imagem pelas pessoas com deficiência visual.

Para alcançar a compreensão da constituição do eu e, por conseguinte, do estádio do espelho, faz-se necessário retomar, de início, o conceito de narcisismo. Em seguida, buscarei, nos ensinos de Lacan, o entendimento do esquema óptico, que possibilitará o estudo detalhado do estádio do espelho. E, por fim, será apresentado um apanhado acerca do que é uma imagem para a psicanálise.

3.1 O OLHAR NO ESPELHO D'ÁGUA

O mito de Narciso conta que o jovem belo, ao se aproximar de uma fonte de água límpida, deparou-se com seu próprio reflexo no espelho formado pela água e encantou-se pela imagem. Em êxtase,

Narciso se enamora pelo que viu sem se dar conta de que aquele reflexo que contemplava era a sua própria imagem. Ele tomou a imagem como outro e desesperou-se por não conseguir tocá-la. O olhar sobre si como outro no espelho d'água fez com que Narciso morresse, conforme a previsão do profeta cego, Tirésias, que, no dia do nascimento do rapaz, disse que ele teria vida longa, desde que jamais contemplasse a própria imagem.

O emprego do termo narcisismo tem origem na mitologia grega e foi utilizado por Freud para explicar a constituição do eu e a relação com a imagem corporal, no texto de 1914, intitulado *Sobre o narcisismo: uma introdução*.

Freud[200] ressalta que o eu não existe desde o começo, ele tem de ser desenvolvido. O que encontramos desde o início é todo o investimento libidinal direcionado ao próprio corpo do bebê, que, dessa forma, é tomado como objeto da pulsão. Diante da ausência de relações objetais externas, o objeto de satisfação pulsional é autoerótico. No entanto, para que o eu se forme, algo precisa ser adicionado ao autoerotismo, ou seja, é preciso uma nova ação psíquica para provocar o narcisismo, salienta o psicanalista.

O narcisismo, então, é uma etapa da constituição do eu que sucede ao autoerotismo. Para Freud,[201] a atividade autoerótica delineia a fase da constituição infantil, em que a pulsão ainda não é direcionada a algo externo à criança, considerando que ela ainda não teria condições para elencar um objeto totalizante, em referência à totalidade corporal. É apenas em um segundo tempo que a imagem do corpo próprio surge como formação narcísica.

Quinet reforça que:

> As pulsões auto-eróticas [sic], que existem desde o início constituem o auto-erotismo [sic], cuja passagem ao narcisismo comporta a formação do eu

---

[200] FREUD, S. [1914]. Sobre o narcisismo: uma introdução. *In:* FREUD, S. *A história do movimento psicanalítico, artigos sobre a metapsicologia e outros trabalhos.* Direção de Jayme Salomão. Rio de Janeiro: Imago, 1996. p. 75-109. (Edição standard brasileira das obras psicológicas completas de Sigmund Freud, 14).
[201] FREUD, S. [1905]. Três ensaios sobre a Teoria da Sexualidade. *In:* FREUD, S. *Um caso de histeria e Três ensaios sobre a teoria da sexualidade.* Direção de Jayme Salomão. Rio de Janeiro: Imago, 1996. p. 163-195. (Edição standard brasileira das obras psicológicas completas de Sigmund Freud, 7).

através do eu ideal. Antes reinando em um corpo sem unidade, agora elas se dirigem a essa imagem ideal para dar ao corpo sua unidade imaginária. A formação do eu a partir da imagem é desenvolvida na formulação lacaniana do estádio do espelho, que, como o narcisismo, é uma construção lógica [...].[202]

Para Lacan, tal adição é a identificação do sujeito com a imagem especular, como veremos com detalhes na próxima seção. A passagem ao narcisismo comporta a formação do eu por meio do eu ideal, já que a unidade corporal é antecipada pela imagem do espelho, que não se distingue da imagem do outro, esclarece Quinet.[203] "Essa imagem é o eu ideal formado pela imagem do outro, que dará a unidade que constitui o eu".[204] Desse modo, a unidade corporal imaginária é dada pela imagem ideal.

Segundo Freud,[205] o eu é, antes de tudo, corporal, por consequência, a constituição do eu depende da unificação corporal. O corpo, num primeiro momento, encontra-se para o bebê fragmentado, ele só assume o caráter unitário na relação com o outro.

Lacan diz que "O sujeito vê o seu ser numa reflexão em relação ao outro, isto é, ao *Ich-Ideal*".[206] O eu ideal, possuído de toda perfeição de valor, refere-se Freud,[207] é alvo do amor de si mesmo, sobre o qual o narcisismo surge deslocado.

A maneira pela qual os pais veem o bebê e o fato de eles atribuírem ao filho todas as perfeições determinam o narcisismo primário, mostra Freud.[208] "A criança é o que fazem dela os pais na medida

---

[202] QUINET, A. *Um Olhar a Mais*: ver e ser visto na psicanálise. Rio de Janeiro: Jorge Zahar Ed., 2002. p. 128.
[203] *Idem*.
[204] *Ibidem*, p. 128.
[205] FREUD, S. [1923]. O ego e o id. *In:* FREUD, S. *O ego e o id e outros trabalhos*. Direção de Jayme Salomão. Rio de Janeiro: Imago, 1996. p. 13-72. (Edição standard brasileira das obras psicológicas completas de Sigmund Freud, 19).
[206] LACAN, J. [1953-1954]. *O Seminário, livro 1*: os escritos técnicos de Freud. Rio de Janeiro: Jorge Zahar Ed., 2009. p. 169.
[207] FREUD, S. [1914]. Sobre o narcisismo: uma introdução. *In:* FREUD, S. *A história do movimento psicanalítico, artigos sobre a metapsicologia e outros trabalhos*. Direção de Jayme Salomão. Rio de Janeiro: Imago, 1996. p. 75-109. (Edição standard brasileira das obras psicológicas completas de Sigmund Freud, 14).
[208] *Idem*.

em que aí projetam o ideal".[209] A ideia lacaniana indica que a criança não quer renunciar a perfeição narcísica depositada pelos pais e por isso procura mantê-la sob a forma de ideal do eu.

O desenvolvimento do eu consiste num afastamento do narcisismo primário, que é ocasionado pelo deslocamento da libido em direção ao ideal do eu imposto de fora, sendo a satisfação provocada pela realização desse ideal, escreve Freud.[210]

Quinet demarca que "O registro do imaginário de Lacan corresponde ao conceito de narcisismo de Freud. [...] O imaginário é o registro da consciência e do sentido que faz com que o homem se julgue um eu".[211] A partir da identificação ao outro na relação especular, ocorre uma antecipação que representa a imagem no espelho que se confunde com o ideal do eu, introduzindo, dessa forma, o segundo narcisismo. Sobre essa relação com a imagem especular, mais elementos serão expostos a seguir.

3.2 O ESQUEMA ÓPTICO E O ESTÁDIO DO ESPELHO

O esquema óptico é exposto por Lacan em diferentes momentos de seu ensino. Em *O seminário, Livro 1: Os estudos técnicos de Freud*, ele utiliza o esquema original do físico Henri Bouasse (1866-1953), conhecido como o experimento do buquê invertido, pela primeira vez. A partir disso, propõe o esquema dos dois espelhos e o esquema dos dois espelhos simplificado para nos ajudar a entender como a imagem nos atinge por meio dos registros do Real, do Simbólico e do Imaginário.

No experimento do buquê invertido, encontra-se um espelho côncavo e uma caixa oca e, em cima dela, é colocado um vaso e, embaixo, um buquê de flores. Embora as flores e o vaso estejam

---

[209] LACAN, J. [1953-1954]. *O Seminário, livro 1: os escritos técnicos de Freud*. Rio de Janeiro: Jorge Zahar Ed., 2009. p. 156.
[210] FREUD, S. [1914]. Sobre o narcisismo: uma introdução. In: FREUD, S. *A história do movimento psicanalítico, artigos sobre a metapsicologia e outros trabalhos*. Direção de Jayme Salomão. Rio de Janeiro: Imago, 1996. p. 75-109. (Edição standard brasileira das obras psicológicas completas de Sigmund Freud, 14).
[211] QUINET, A. *Um Olhar a Mais*: ver e ser visto na psicanálise. Rio de Janeiro: Jorge Zahar Ed., 2002.

em lugares diferentes, por meio do reflexo do espelho, o que se vê é a produção de uma imagem da flor dentro do vaso, como ilustra a figura a seguir.

Figura 8 – Experimento do buquê invertido

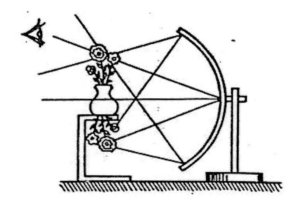

Fonte: Lacan (1953-1954/2009, p. 107)

Observa-se que, dependendo da posição do observador, por vezes, seria visível apenas vaso e, em outras, um vaso com as flores, explica Lacan:

> Nesse momento, enquanto vocês não vêem o buquê real, que está escondido, verão aparecer, se estiverem no bom campo, um buquê imaginário muito curioso, que se forma bem no gargalo do vaso. Como os seus olhos devem se deslocar linearmente no mesmo plano, vocês terão uma impressão da realidade, sem deixarem de sentir que alguma coisa é estranha, borrada, porque os raios não se cruzam muito bem. Quanto mais longe vocês estiverem, mais a paralaxe agirá, e mais a ilusão será completa.[212]

---

[212] LACAN, J. [1953-1954]. *O Seminário, livro 1*: os escritos técnicos de Freud. Rio de Janeiro: Jorge Zahar Ed., 2009. p. 108.

O que ocorre é uma ilusão, pois o que há, na verdade, é um vaso vazio em cima da caixa e um buquê debaixo dela. Lacan ensina, por intermédio desse experimento, como o corpo fragmentado do bebê se apropria da imagem do corpo unificado, da mesma maneira da flor e do vaso, que estão separados originalmente, e que, por meio do reflexo do espelho, se transpõe, formando uma imagem que representa a unidade do vaso com o buquê de flores dentro dele.

A partir do esquema óptico de Bouasse, Lacan criou seu próprio esquema, o esquema dos dois espelhos. Na formulação, ele acrescentou um espelho plano ao conjunto, de modo que essa combinação causasse alteração na perspectiva do observador. Agora a imagem real do vaso, invisível ao olho do observador, pode ser antecipada no espelho plano, simbolizando a presença do outro. Na próxima figura, o olho situa a posição do observador, o buquê em cima da caixa, o vaso dentro dela. Na ilusão provocada pelo desvio nos raios refletidos, há uma projeção e o observador vê uma imagem virtual do vaso invertido sobre o buquê. O que indica, para Lacan, a apreensão da imagem corporal por intermédio do outro.

Figura 9 – Esquema dos dois espelhos

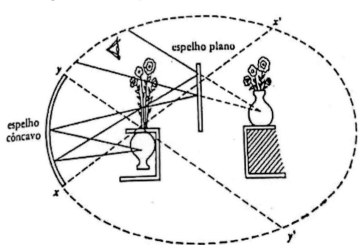

Fonte: Lacan (1953-1954/2009, p. 168)

A imagem virtual do vaso que se formou atrás do espelho plano é acrescentada à imagem real e invertida do buquê que se constituiu diante do espelho, como corpo próprio. Tem-se a ilusão de que o vaso e as flores formam um corpo unificado, ainda que os objetos estejam separados espacialmente.

Comparado ao corpo da criança fragmentado, o esquema situa, do lado esquerdo, o narcisismo primário. Pois o que há é uma ilusão de que as flores estão no vaso, e não a imagem unificada propriamente. Já do lado direito, a imagem do vaso com as flores contidas nele é unificada e logo é sustentada por meio da imagem virtual do espelho plano, referindo-se, desse modo, ao narcisismo secundário. Diz Lacan:

> E é aí que a imagem do corpo dá ao sujeito a primeira forma que lhe permite situar o que é e o que não é do eu. Bem, digamos que a imagem do corpo, se a situamos no nosso esquema, é como o vaso imaginário que contém o buquê de flores real. Aí está como nos podemos representar o sujeito anterior ao nascimento do eu, e o surgimento deste.[213]

Ao longo do ensino lacaniano, o que modifica é a nomeação dos lugares propostos no esquema óptico. No texto *Observações sobre o relatório de Daniel Lagache*, Lacan (1961/1998) aborda o espelho com ênfase no simbólico e na relação com o imaginário. Ele acrescenta o Outro (A) no esquema representado pelo espelho e mostra que a imagem no espelho é construída a partir dos ditos do Outro. O espelho do esquema é, então, entendido como uma metáfora para o simbólico, que nos permite pensar na relação entre o Ideal do eu e o eu ideal, como mostra a figura seguinte.

---

[213] LACAN, J. [1953-1954]. *O Seminário, livro 1*: os escritos técnicos de Freud. Rio de Janeiro: Jorge Zahar Ed., 2009. p. 109.

Figura 10 – Esquema simplificado de dois espelhos

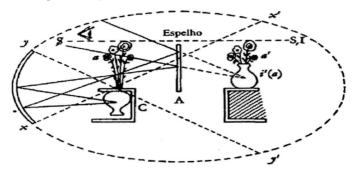

Fonte: Lacan (1961/1998, p. 681)

"O funcionamento desse modelo, de um lado, abarca a função de desconhecimento que nossa concepção do estádio do espelho instaura como princípio da formação do Eu".[214] Lacan escreveu pela primeira vez sobre o espelho em 1938, no texto *Os complexos familiares*, mas tudo o que ele formulou nessa época retoma em *O estádio do espelho como formador da função do eu*, publicado em 1949, no qual faz uma releitura do texto de Freud de 1914, *Sobre o narcisismo: uma introdução*, e descreve, por meio da óptica, a origem do eu. Para ele, "A função do estádio do espelho revela-se para nós, por conseguinte, como um caso particular da função da imago, que é estabelecer uma relação do organismo com sua realidade [...]".[215] Trata-se, portanto, do reconhecimento de sua imagem e, consequentemente, da apropriação dessa pela criança.

Para Lacan,

> O estádio do espelho, eu o tenho frisado, não é simplesmente um momento do desenvolvimento. Tem também uma função exemplar, porque revela certas relações do sujeito à sua imagem, enquanto *Urbild*

---

[214] LACAN, J. [1961]. Observação sobre o relatório de Daniel Lagache: Psicanálise e estrutura da personalidade. *In*: LACAN, J. *Escritos*. Rio de Janeiro: Jorge Zahar Ed., 1998. p. 682.
[215] LACAN, J. [1949]. Estádio do espelho como formador da função do eu. *In*: LACAN, J. *Escritos*. Rio de Janeiro: Jorge Zahar Ed., 1998. p. 100.

do eu. Ora, esse estádio do espelho, impossível de denegar, tem uma apresentação óptica — tampouco se pode denegar isso.[216]

O estádio do espelho tem uma função estruturante e é responsável pela apreensão da unidade corporal, ou seja, a partir dele a criança poderá adquirir a imagem do seu próprio corpo e, com isso, a estruturação daquilo que virá a ser o seu "eu", isto é, a noção de existência e independência do corpo materno e da sua totalidade, para somente, então, vislumbrar o mundo.

Outras referências foram encontradas nos ensinos de Lacan sobre a teoria do espelho, como: *Formulações sobre a causalidade psíquica*, de 1946; em *O Seminário 1*, proferido entre os anos de 1953 e 1954, em que Lacan aborda a teoria do espelho, principalmente pela via do imaginário. Nesse seminário, ele fala do olho no esquema como o lugar do sujeito, já indicando algo sobre o simbólico. E, no *Seminário 10*, temos a última versão do esquema óptico, quando Lacan trabalha a relação entre a imagem do corpo próprio, a castração e o objeto *a*.

Durante a pesquisa, nos deparamos com um texto de 1966: *De nossos antecedentes*, no qual Lacan se refere ao espelho. Ele diz que:

> O que se manipula no triunfo da assunção da imagem do corpo no espelho é o mais evanescente dos objetos, que só aparece à margem: a troca de olhares, manifesta na medida em que a criança se volta para aquele que de algum modo a assiste, nem que seja apenas por assistir a sua brincadeira.[217]

Lacan considera que o júbilo da criança ao se reconhecer no espelho se dá pela antecipação, por meio da imagem, da unificação do corpo por intermédio do outro. Portanto, o estádio do espelho corresponde ao reconhecimento simbólico que se evidencia quando o outro o coloca no lugar de objeto.

---

[216] LACAN, J. [1953-1954]. *O Seminário, livro 1*: os escritos técnicos de Freud. Rio de Janeiro: Jorge Zahar Ed., 2009. p. 103.

[217] LACAN, J. [1966]. De nossos antecedentes. In: LACAN, J. *Escritos*. Rio de Janeiro: Jorge Zahar Ed., 1998. p. 74.

A organização do estádio do espelho se dá em três tempos. Inicialmente, o bebê nota a imagem do corpo com suas partes desintegradas, havendo uma confusão entre si e o outro. É somente a partir da relação com o outro, que diz ao bebê que aquele é ele, que surge a dimensão da totalidade corporal. Dessa forma, ele busca apoderar-se da imagem que lhe surge, mas, com a impossibilidade de alcançá-la, o bebê descobre que o outro no espelho não é outro, mas, sim, uma imagem. Por fim, ele percebe que aquela imagem no espelho é a sua própria.

Quinet[218] apresenta uma distinção entre os momentos do estádio do espelho. O primeiro relativo à imagem despedaçada, fragmentada das partes do corpo, e depois os momentos correspondentes à unificação dessa imagem, quando o sujeito começa a dar conta da unidade do seu corpo, de si mesmo e sua totalidade da sua imagem.

> [...] no início não há unidade, o corpo do indivíduo pode ser concebido como um corpo retalhado, despedaçado, fragmentado pelas pulsões auto-eróticas [sic], as pulsões ditas parciais. A unidade do corpo é prefigurada pela imagem do outro ou pela imagem do espelho, pois ambos não se distinguem, como nos explica Narciso. As pulsões auto-eróticas [sic] convergem para a imagem do corpo tomado por um outro: imagem com a qual o sujeito se identifica para constituir seu eu. Essa imagem é o eu ideal formado pela imagem do outro, i(a), que dará a unidade que constitui o eu. [...] O eu é portanto constituído por esta imagem que se corporifica: corpo unificado, corpo em sua totalidade, em suma, corpo humano. Com efeito, o eu, segundo Freud, é, antes de tudo, corporal. A percepção visual do corpo constitui a base do imaginário e da identificação especular. A unidade do eu é, portanto imaginária. O campo Visual será marcado, desde então, por esse caráter imaginário cujo protótipo (Urbild) encontramos na imagem do outro do estádio do espelho. A percepção visual é constitutiva do eu, sendo ele mesmo constituído pelo espelho — o que faz da visão o apanágio do registro do imaginário.[219]

---

[218] QUINET, A. *Um Olhar a Mais*: ver e ser visto na psicanálise. Rio de Janeiro: Jorge Zahar Ed., 2002.
[219] Ibidem, p. 129.

Mas como a imagem que parte do Outro alcança o sujeito? Nada nos chega como realmente é. Quinet[220] aponta que, na simetria que o reflexo do espelho produz, há uma inversão no plano especular. Ou seja, a imagem que reflete no espelho é diferente daquilo que ela representa à medida que a direita vira esquerda e vice-versa. O autor apresenta uma reflexão sobre o que Lacan diz a respeito do termo conhecimento como a visão dos objetos pela consciência do eu, por isso o conhecimento é sempre da ordem do imaginário, pois nada mais é senão a projeção da consciência sobre os objetos. Ele elucida que o estádio do espelho é um apólogo do desconhecimento, pois a imagem especular é diferente daquilo que ela representa dado que a imagem no espelho se inverte. Essa inversão presente na constituição do eu mostra uma ilusão, já que a imagem do corpo é enganosa e a consciência é a instância do desconhecimento.

O caráter visual da experiência do espelho coloca em cena uma fenomenologia em que o olhar é central: o espelho e o olhar não são indissociáveis, eles derivam um do outro. Miller mostra que

> [...] na mesma medida em que a relação especular do "eu me vejo me vendo", suporta as identificações imaginárias — e, no fundo, o espelho está aí para materializar a imagem —, ela dissimula a distinção que deve ser feita entre visão e olhar; entre visão como função do órgão da vista e o olhar, seu objeto imanente, onde se inscreve o desejo do sujeito (e que não é um órgão, nem função biológica alguma).[221]

Lacan fala sobre a função do espelho e diz que "o olho já é um espelho",[222] já que imagens se produzem a partir dele.

> O olho, eu chegaria a dizer, organiza o mundo como espaço. Reflete aquilo que é reflexo no espelho, mas, para o olho mais penetrante, é visível o reflexo que ele mesmo carrega do mundo, nesse olho que ele vê

---

[220] Idem.

[221] MILLER, J. A. [1994]. Jacques Lacan e a voz. *Opção Lacaniana online*, ano 4, n. 11, 2013. Disponível em: http://www.opcaolacaniana.com.br/pdf/numero_11/voz.pdf. Acesso em: 4 nov. 2021. p. 3-4.

[222] LACAN, J. [1962-1963]. *O Seminário, livro 10*: a angústia. Rio de Janeiro: Jorge Zahar Ed., 2005. p. 246.

no espelho. [...] A partir do momento em que existem o olho e um espelho, produz-se um desdobramento infinito de imagens entre-refletidas.[223]

Lacan[224] enfatiza a visão ao referir-se às evidências que atestam a formação do corpo como Gestalt, por meio de exemplos de experimentos biológicos que apontam para processos de identificação, como a maturação da gônada na pomba. Esse mecanismo tem por estímulo a percepção visual da forma de outro ser da mesma espécie e, na falta desse, até mesmo seu reflexo num espelho possui o poder de desencadear o processo identificatório, como explica Sales.[225] Da mesma forma, um gafanhoto migratório não está predeterminado a gerar um ser adulto de forma gregária ou solitária; seu desenvolvimento vai se direcionar para uma determinada forma, dependendo da ocorrência da percepção de um representante ou de uma imagem que lhe seja similar e que produza os mesmos movimentos típicos da espécie.

> Ambos os experimentos mostram que uma relação perceptual com outro da mesma espécie é necessária ao processo maturacional normal. O que Lacan pretende defender ao expor esses dados é que, tendo a imagem esse poder formador sobre o animal, sobre o homem esse poder deve ser ainda maior, visto que ele vem ao mundo sob as circunstâncias de sua insuficiência fisiológica.[226]

Julien[227] apresenta o estádio do espelho em três etapas. A primeira corresponde até 1953, quando Lacan isola o imaginário, em que se afirma a primazia do visual, pois por meio dele que a criança constitui seu eu a partir da imagem corporal do outro, enquanto vista na totali-

---

[223] *Ibidem*, p. 246.
[224] LACAN, J. [1949]. Estádio do espelho como formador da função do eu. *In*: LACAN, J. *Escritos*. Rio de Janeiro: Jorge Zahar Ed., 1998. p. 96-103.
[225] SALES, L. Posição do estágio do espelho na teoria lacaniana do imaginário. *Revista do Departamento de Psicologia — UFF*, v. 17, n. 1, p. 113-127, jan./jun. 2005. Disponível em: http://www.scielo.br/pdf/rdpsi/v17n1/v17n1a09.pdf. Acesso em: 25 jan. 2020.
[226] *Ibidem*, p. 119.
[227] JULIEN, P. O furo no imaginário. *In*: JULIEN, P. *O Retorno a Freud de Jacques Lacan*: A Aplicação ao Espelho. Tradução de Angela Jesuino e Francisco Franke Settineri. Porto Alegre: Artes Médicas Sul, 1993. p. 133-143.

dade. Ou seja, a constituição da imagem especular liga-se à qualidade de vidente do sujeito. Já a segunda, em 1953, quando Lacan duplica essa alienação, pela qual a imagem do próprio corpo é constituída segundo a imagem do outro, por uma segunda, de outra ordem: simbólica, para a qual o inconsciente é discurso do Outro. O simbólico determina o imaginário, tornando-o não absoluto. E a terceira etapa diz respeito a uma nova escrita do estádio do espelho quando Lacan rompe com a primeira apresentação do espelho. Ele reforça que "O que importa não é mais apenas a criança como vidente, mas saber-se o objeto do olhar do Outro [...] O assunto não é o domínio pela visão, mas o objeto escópico como objeto a, podendo faltar no campo do Outro".[228]

Em 1962, Lacan modificou o esquema do estádio do espelho e ressaltou que há algo que não aparece no reflexo, o lugar faltoso do objeto a, sobre o qual não há imagem da ausência. O eu é formado a partir desse lugar de falta, nomeado como $-\varphi$, que remete à castração, representado na figura a seguir.

Figura 11 – Esquema simplificado

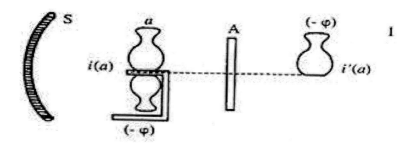

Fonte: Lacan (1963/2005, p. 49)

O imaginário se completa pela mediação do Outro na medida em que o sentido vem sempre do Outro. Quinet elucida que:

> O imaginário do espelho é o mundo da percepção, daquilo que vejo: um mundo de imagens tendo o eu por modelo [...] Somos tomados, fascinados, pre-

[228] *Ibidem*, p. 140.

sos pela imagem narcísica que projetamos sobre o mundo, mas o 'verdadeiro segredo da captura narcísica é o olhar como objeto da pulsão'. É o imaginário que nos dá a forma da realidade.[229]

Para Quinet,[230] a esquize entre a visão e o olhar reordena os fenômenos visuais e instaura uma nova articulação entre o imaginário e o real. No campo visual, real e imaginário se declinam, respectivamente, em escópico e especular: o olhar é a modalidade objetal do real da pulsão escópica, e o espelho é a base do imaginário. Segundo ele: "A realidade é feita de imaginário e determinada pelo simbólico do qual o real está foracluído".[231] Mas o imaginário não se reduz à imaginação, ele é o registro da identificação especular ao semelhante, o campo do corpo e dos objetos empíricos do desejo e o registro do amor e da agressividade.

O referido estádio está associado a uma construção simbólica. O espelho trabalhado por Lacan pode ser compreendido como metáfora, como salientam Santos e Marinho,[232] para falar de um olho que se vê no olho que lhe olha. A maneira como o sujeito passa por esse momento estruturante repercute na sua estruturação psíquica. Cabe salientar que não há uma cronologia que demarca o surgimento dos registros imaginário, simbólico e real, uma vez que são mutuamente constitutivos, apontam as autoras. Conhecemos o imaginário como o lugar do eu por excelência. O simbólico é um registro baseado nos signos e significantes, ou seja, na linguagem. E o real aprende o que não é tocado pelo simbólico.

A experiência clínica com cegos e esse apanhado teórico nos permitem pensar sobre o olhar no campo do Outro, que não é sinônimo de visão, e isso demarca que, mesmo aquele que não enxerga, constrói, por meio dos outros sentidos, sobretudo pela linguagem, a

---

[229] QUINET, A. *Um Olhar a Mais*: ver e ser visto na psicanálise. Rio de Janeiro: Jorge Zahar Ed., 2002. p. 42.

[230] *Idem*.

[231] *Idem*.

[232] SANTOS, M. J. M.; MARINHO, L. A. Um corpo na escuridão: o estádio do espelho em cegos. *Mosaico: estudos em Psicologia*, Belo Horizonte: v. 3, n. 1, p. 1-9, 2009. Disponível em: https://periodicos.ufmg.br/index.php/mosaico/article/view/6255/3845. Acesso em: 25 jan. 2020.

imagem do próprio corpo e, consequentemente, ocorre a formação do eu. Isto é, a partir do que o Outro transmite com seus ideais sobre aquilo que é perceptível, o sujeito se insere no campo da linguagem e, por isso, também está inserido no campo das imagens. Portanto, apenas a visão da imagem do outro não é suficiente para constituir a imagem do próprio corpo. "A eficácia da identificação vem do olhar no campo do Outro: mesmo o cego está sujeito a isto".[233]

Soler explica que Lacan, ao elaborar a teoria do inconsciente-linguagem, deixou claro que o estádio do espelho não é um fenômeno da visão: "A imagem visual desempenha um papel, é claro, mas nem por isso o estádio do espelho deixa de ser subordinado ao efeito da linguagem".[234] Ela ainda salienta que:

> [...] o estádio do espelho não tem ligação com a qualidade do enxergar, pois que a importância da imagem narcísica encontra-se igualmente no cego, privado de visão. Ele não tem ligação com o enxergar, mas com o olhar. É por isso que 'até o cego está sujeito a isso, por se saber objeto do olhar'.[235]

Entretanto, o olhar como objeto *a* não se encontra na visibilidade do espelho. O olhar em cena no estádio do espelho é o olhar daquele que vem a ocupar o lugar do Outro. Trata-se de um olhar buscado pela criança ao virar-se procurando algum sinal do lado do Outro. Segundo Quinet, "O Outro é, na verdade, o espelho no qual a criança se vê e se admira, ajustando sua imagem enquanto eu ideal às reações de Outro que vem no lugar de ideal do eu".[236] E, por isso, é na relação com o Outro que a criança se apercebe desse olhar, mesmo que esteja privada do sentido visual. Trata-se de uma forma de presença do Outro enquanto objeto *a*, vigilante, crítico ou fascinado.

---

[233] JULIEN, P. O furo no imaginário. In: JULIEN, P. *O Retorno a Freud de Jacques Lacan*: A Aplicação ao Espelho. Tradução de Angela Jesuino e Francisco Franke Settineri. Porto Alegre: Artes Médicas Sul, 1993. p. 140.

[234] SOLER, C. Os fenômenos perceptivos do sujeito. In: SOLER, C. *O inconsciente a céu aberto da psicose*. Tradução de Vera Ribeiro. Rio de Janeiro: Jorge Zahar Ed., 2007. p. 36.

[235] *Idem*.

[236] QUINET, A. *Um Olhar a Mais*: ver e ser visto na psicanálise. Rio de Janeiro: Jorge Zahar Ed., 2002. p. 130.

Françoise Dolto[237] fala sobre o encontro do cego de nascença com um espelho que ocorre meramente por meio da percepção tátil, sendo conhecido como um espaço frio. A psicanalista aponta que, para uma criança que vê, o efeito é totalmente diferente, já que ela nota no espelho a ilusão de um outro. Para a criança vidente

> Sua imagem desaparece do espelho quando ela não está mais diante do espelho, reaparecendo quando ela se recoloca à sua frente. Ela se torna para a criança uma experiência concomitantemente à sua presença, mas uma experiência unicamente escópica, sem respostas, sem comunicação. Seu chamado, seu gesto, são em espelho os mesmos, invertidos. Seu chamado fala a esta imagem, mas ela ouve apenas sua própria voz, não há ninguém outro que lhe responda.[238]

Nesse sentido, a imagem especular é alienante. Chatelard[239] salienta que é conveniente reforçar que o princípio do esquema ótico se organiza em torno da imagem, portanto, faz-se necessário também elucidar o que é uma imagem para a psicanálise.

3.3 O QUE É UMA IMAGEM PARA A PSICANÁLISE?

O que foi apresentado até aqui, desde os filósofos até a perspectiva lacaniana, indica que aquilo que capturamos por meio do sentido visual não passa de uma ilusão, de uma imagem invertida dos objetos do mundo visível.

A visão para a psicanálise não é fundamental, no entanto, o olhar é. Sem a visão em evidência, o olhar se manifesta na experiência do divã ou nos sonhos, por exemplo, em que a cena da fantasia se revela, abrindo espaço para o desejo e, também, para a angústia. A partir da citação de Ulisses: "Fecha os olhos e vê",[240] entende-se que,

---

[237] DOLTO, F. [1984]. *A imagem inconsciente do corpo*. Tradução de Noemi Moritz e Marise Levy. 3. ed. São Paulo: Perspectiva, 2017.

[238] *Ibidem*, p. 124-125.

[239] CHATELARD, D. S. *Conceito de objeto na psicanálise*: do fenômeno à escrita. Brasília: Editora universidade de Brasília, 2005.

[240] JOYCE, J. *Ulisses*. Tradução de Antônio Houaiss. São Paulo: Abril Cultural, 1980. p. 47-48.

ao fechar os olhos, não temos acesso ao sentido visual e só então é possível alcançar a dimensão do olhar. Sem a visão, o que desperta é outra realidade, a realidade do inconsciente, afirma Lacan.[241] Para o psicanalista, "Os olhos existem pra não ver".[242]

Então, que imagem é essa que se revela no inconsciente? A imagem do inconsciente parte do momento narcísico do estádio do espelho que permite a integração motora do sujeito e seu corpo próprio. A partir da experiência especular, a realidade externa se torna visível e só então as imagens se formam. A primeira delas, como foi apresentada anteriormente, é a imagem corporal unificada.

Dolto[243] atenta que o esquema corporal não é sinônimo de imagem corporal. A psicanalista considera que "O esquema corporal é uma realidade de fato, sendo de certa forma nosso viver carnal no contato com o mundo físico".[244] Para ela, o esquema corporal é, em princípio, o mesmo para todos os indivíduos, é evolutivo no tempo e no espaço e reporta o corpo atual no espaço à experiência imediata. Em contrapartida, a imagem do corpo é eminentemente inconsciente, peculiar a cada um e está ligada ao sujeito e à sua história.

A percepção que temos do nosso corpo é imaginária. Não é possível ver o corpo em sua totalidade, só temos a ilusão da ideia do corpo próprio unificado, pois a percepção em si é fragmentada. Não vemos as costas, tampouco os órgãos internos sem ajuda de uma superfície refletora ou de um aparelho médico. Ainda é preciso levar em consideração que o ser humano nasce impotente e que a maturação biológica no início da vida encontra-se inacabada e, como consequência disso, há a impossibilidade de o aparelho ocular funcionar plenamente. Segundo Lacan, "O ser humano não vê sua forma realizada, total, a miragem de si mesmo, a não ser fora de si".[245]

---

[241] LACAN, J. [1964]. *O Seminário, livro 11*: os quatro conceitos fundamentais da psicanálise. Rio de Janeiro: Jorge Zahar Ed., 2008.
[242] LACAN, J. [1962-1963]. *O Seminário, livro 10*: a angústia. Rio de Janeiro: Jorge Zahar Ed., 2005. p. 109.
[243] DOLTO, F. [1984]. *A imagem inconsciente do corpo*. Tradução de Noemi Moritz e Marise Levy. 3. ed. São Paulo: Perspectiva, 2017.
[244] *Ibidem*, p. 10.
[245] LACAN, J. [1953-1954]. *O Seminário, livro 1*: os escritos técnicos de Freud. Rio de Janeiro: Jorge Zahar Ed., 2009. p. 186.

Como vimos no estudo sobre o estádio do espelho, a imagem corporal é elaborada por meio da linguagem, quando o bebê ouve quem fala e conhece a si mesmo. Portanto, o outro é indispensável à sobrevivência do bebê, que assegura a formação da imagem do corpo próprio. E é nesse sentido que dizemos que é por meio da relação simbólica que ele se torna humano.

A visão não é suficiente para captar tudo o que tem no exterior. Não se pode ver uma imagem completa, pois a visão é insuficiente para captar todas as informações do campo do visível. Sobre a correlação entre a visão e a imagem, Lacan ensina que

> A visão se ordena de um modo que podemos chamar, em geral, a função das imagens. Esta função se define por uma correspondência ponto a ponto de duas unidades no espaço. Quaisquer que sejam os intermediários óticos para estabelecer sua relação, quer uma imagem seja virtual, quer seja real, a correspondência ponto a ponto é essencial. Tudo que é do modo da imagem no campo da visão é, portanto, redutível a este esquema tão simples que permite estabelecer a anamorfose, quer dizer, à relação a uma imagem enquanto ligada a uma superfície, com um certo ponto geometral. Pode chamar-se imagem o que quer que seja que for determinado por este método — no qual a linha reta representa o seu papel que é de ser o trajeto da luz.[246]

A imagem que capturamos é como uma máscara. Por trás dela está o objeto que esconde a falta daquilo que é da ordem do inapreensível e que por isso não tem uma imagem que o represente. Isto é, não há imagem alguma daquilo que lhe falta. Quinet reforça que "[...] o imaginário é o domínio da consistência em que a falta é velada".[247]

Lacan, na lição *A tópica do Imaginário*, reforça que a imagem real e a imagem virtual não são a mesma coisa. Ele diz que:

---

[246] LACAN, J. [1964]. *O Seminário, livro 11: os quatro conceitos fundamentais da psicanálise*. Rio de Janeiro: Jorge Zahar Ed., 2008. p. 88.
[247] QUINET, A. *Um Olhar a Mais: ver e ser visto na psicanálise*. Rio de Janeiro: Jorge Zahar Ed., 2002. p. 133.

As imagens ópticas apresentam diversidades singulares, algumas puramente subjetivas, são as que se chamam virtuais, enquanto outras são reais, a saber, sob certos prismas, se comportam como objetos e podem ser tomadas como tais. Muito mais singular ainda — esses objetos que as imagens reais são, podemos dar as suas imagens virtuais. Nesse caso, o objeto que é a imagem real toma, e devidamente, o nome de objeto virtual.[248]

Apoiando-se no exemplo do arco-íris, que é um fenômeno subjetivo, Lacan infere se o aparelho fotográfico não seria similar. Na mesma linha de Freud, ele explica "[...] que as instâncias psíquicas fundamentais devem ser concebidas na sua maioria como representando o que se passa num aparelho fotográfico [...]".[249] Isto é, o que nós apreendemos são imagens que representam os objetos.

O que é representado no inconsciente são os significantes. Esses dão forma à imagem que aparece nos sonhos, devaneios, e as imagens sobre as quais os cegos falam em suas associações. Portanto, essa imagem sobre a qual falamos é efeito do simbólico. É somente por meio do simbólico que o objeto se torna imagem. Sem ele, é impossível distinguir o que é objeto e o que é imagem. É o simbólico, por intermédio dos significantes, o responsável por definir, como ilustrado anteriormente, que uma maçã é uma maçã.

Quinet[250] expõe que o inconsciente forma as imagens a partir de condensações e deslocamentos, seguindo as leis da linguagem de metáfora e metonímia, e que obedece ao mecanismo de figurabilidade. Conforme o autor explica, entende-se que figurabilidade é a transposição das figuras de linguagem para imagens; em outras palavras, significa dizer que se trata de colocar os significantes em cenas visuais.

Como vimos neste terceiro capítulo, a imagem do corpo, fundamental para a formação do eu, segue o mesmo princípio. Ou seja, a imagem do corpo próprio é determinada pelos ditos do Outro. Para

---
[248] LACAN, J. [1953-1954]. *O Seminário, livro 1: os escritos técnicos de Freud*. Rio de Janeiro: Jorge Zahar Ed., 2009. p. 105.
[249] *Ibidem*, p. 166.
[250] QUINET, A. *O Inconsciente teatral*. Rio de Janeiro: Atos e Divãs Edições, 2019.

além do estádio do espelho, tal determinação aparecerá na relação com a imagem na fotografia e na internet, que também assume a posição de imagem especular, conforme apresentarei a seguir.

4

SEM VISÃO, MAS HÁ OLHAR NA *SELFIE*

Por fim, chego ao quarto e último capítulo, cuja proposta é apresentar reflexões que surgiram ainda no Centro de Reabilitação, sobre a relação da pessoa com deficiência visual com a autoimagem e a fotografia.

A partir disso, o intento é discorrer sobre o lugar do olhar, do ver e ser visto na contemporaneidade, trazendo à cena o uso do Instagram por pessoas com deficiência visual, que, apesar de ser uma ferramenta primordialmente visual, não exclui a pessoa cega ou com baixa visão.

4.1 A PESSOA COM DEFICIÊNCIA VISUAL, A AUTOIMAGEM E A FOTOGRAFIA

Queixas relacionadas à autoimagem são ouvidas na análise de pessoas com deficiência visual. Alguns apresentam questões com a forma física e há aqueles que se comparam com outras pessoas, ainda que não tenham visto suas fisionomias. Foram relatos como esses que me levaram a pensar sobre a relação da pessoa cega ou com baixa visão com sua própria imagem, especialmente quando participam das redes sociais nas quais a fotografia é o recurso mais utilizado.

As pessoas com deficiência visual podem utilizar as redes por meio do recurso da acessibilidade do aparelho tecnológico de maneira ativa, postando suas fotos e curtindo o que os outros postam. Sendo o modo de audiodescrição dos aplicativos, que possui legenda alternativa com a opção de descrição auditiva das imagens postadas, a maneira de saber sobre o conteúdo das imagens. Já que a fotografia é um recurso visual, uma reprodução de uma imagem que registra as características visíveis de pessoas, paisagens e objetos.

Atualmente existem mecanismos tecnológicos que proporcionam a acessibilidade, como o aplicativo *Be My Eyes*, que conecta pessoas com deficiência visual a voluntários que enxergam. Por meio da câmera do celular, os voluntários conectados interpretam e transcrevem o que a câmera está mostrando. Inspirado nesse aplicativo, existe também o aparelho *MyEye Pro*, que, acoplado aos óculos, descreve tudo o que está na frente do usuário em áudio. O aparato identifica objetos, cores, valores de notas de dinheiro e até faz a leitura de códigos de barra. O *MyEye Pro* consegue mostrar para o usuário em que lugar fica a porta do ambiente para o qual ele esteja indo, ajudando, dessa maneira, na localização e locomoção. É também possível ler livros, jornais e é muito útil para ler em voz alta letreiros e placas de aviso, salienta Ellis[251]. Além disso, ele não só consegue identificar que existe uma pessoa na sua frente, mas também te dizer quem ela é.

O filme *A prova* apresenta Martin, um cego congênito que tem a fotografia como uma maneira de ver o mundo, como protagonista. O personagem conta que ganhou a câmera da mãe quando ainda era criança e já adulto, ao ser questionado pelo motivo do presente, já que ele era cego, respondeu que quis a câmera e enfatizou: "eu imaginei que me ajudaria a enxergar". Em seu relato, diz que, quando criança, sua mãe descrevia a paisagem que aparecia da janela de um aposento. Mas ele chegava a duvidar, dizendo que ela poderia mentir, já que ele não vê.

Quando se torna adulto, ele sai regularmente pela cidade para fotografar, pede para um amigo vidente descrever a imagem capturada e coloca uma legenda em Braille atrás de cada fotografia, como a prova de que o que está na foto é o que estava lá no momento em que ele fotografou. Martin refere-se à prova como a verdade sobre o que ele sentiu e o que o amigo vidente enxergou por meio dos olhos. É na relação do ver com o saber que Martin se detém e a fotografia é a prova.

---

[251] ELLIS, N. *Com MyEye Pro, seu óculos pode descrever em áudio tudo o que está na sua frente.* Disponível em: https://olhardigital.com.br/2022/01/07/reviews/com-myeye-pro-seu-oculos-pode-descrever-em-audio-tudo-o-que-esta-na-sua-frente/. Acesso em: 23 nov. 2022.

Novaes[252] conta da experiência de elaboração de um autorretrato sem uso de espelho, que aconteceu no Centro Cultural do Banco do Brasil, no Rio de Janeiro. Um exercício que levou cada participante — pessoas sem deficiência visual — a pensar sobre si, como supunha ser o olhar do outro e sobre como a imagem corporal está pautada na incorporação de determinadas crenças.

Essa experiência, embora tenha sido realizada com pessoas que enxergam, é similar à prática de autodescrição. Por autodescrição, entende-se que se trata da descrição de si, abrangendo as características físicas, as roupas e os acessórios com o objetivo de promover a acessibilidade de pessoas com deficiência visual. Quando uma pessoa com cegueira se autodescreve, temos uma experiência análoga à do autorretrato citada pela autora.

Como pensar sobre a autoimagem de pessoas que não enxergam? Essa é uma questão que surgiu ao notarmos que pessoas com deficiência visual falam da autoimagem ao se autodescreverem.

A autodescrição é uma prática utilizada pelas pessoas com deficiência visual para descrever-se. É comum ouvir, no início de palestras, em vídeos no YouTube ou Instagram, essas pessoas falando sobre suas características físicas, roupas e acessórios que estão usando. Essa prática nos leva a questionar sobre a relação da pessoa com deficiência visual e a autoimagem.

Uma pessoa cega, ao se autodescrever como branca, de cabelos castanhos e olhos esverdeados, fala sobre características, que não são apreensíveis por outros sentidos, como o tato, por exemplo. O que elas transmitem é o que ouviram de outra pessoa sobre tais características, não se tratando, portanto, de uma construção própria. Notamos que as pessoas que não enxergam se descrevem a partir do que os outros dizem sobre ela. Mas também não seria assim com pessoas videntes? Sempre nos referimos ao que o Outro nos diz que somos. Os nossos ditos são do Outro.

---

[252] NOVAES, J. V. Auto-retrato falado: Construções e desconstruções de si. *Lat. Am. j. fundam. psychopathol. On-line*, São Paulo, v. 4, n. 2, p. 131-147, nov. 2007. Disponível em: http://pepsic.bvsalud.org/scielo.php?script=sci_arttext&pid=S1677-03582007000200002&lng=pt&nrm=iso. Acesso em: 18 out. 2022.

Como então poderíamos pensar em algo que se acredita estar associado à imagem corporal como o ideal de beleza, em casos de cegos congênitos?

Sempre é necessária a mediação do Outro, nos dizendo o que são as coisas do mundo visível, e a tecnologia também exerce essa função na mediação das relações e, como consequência, provoca uma transformação no modo de vida e de subjetivação, como será apresentado mais à frente.

O ideal de beleza não depende estritamente da percepção visual, mas atenta-se para o fato de que a relação com o Outro é interpretada a partir do objeto olhar. O ideal de beleza é construído a partir da linguagem e da sua apreensão do olhar do Outro. As redes sociais estão aí para provar.

4.2 O ESPETÁCULO DO OLHAR: O VER E SER VISTO NA CONTEMPORANEIDADE

Com o avanço da tecnologia, os dispositivos portáteis, como tablets e, sobretudo, os telefones celulares, tornaram-se os vetores do modo de vida contemporânea que nos permitem a junção da visibilidade e do contato permanente e instantâneo com qualquer pessoa em qualquer lugar do mundo.

Sibilia[253] busca contextualizar o problema do uso da tecnologia que dá vazão a um novo modo de vida. A autora observa as transformações nas formas de subjetivação e nas relações por meio de uma perspectiva histórica, a fim de dar sentido às mudanças.

Com o advento da internet, nota-se um transbordamento dos limites daquilo que seria íntimo e privado, além disso, exacerbação sob a luz da visibilidade ao olhar alheio legitima a existência. As telas, com as quais estamos permanentemente conectados, mais parecem janelas abertas ao olhar alheio. Portanto, é preciso refletir se ainda há vida que possa ser considerada privada e saber o que, na atualidade, significa público e o que ficaria restrito ao privado.

[253] SIBILIA, P. O show do eu. 2. ed. Rio de Janeiro: Contraponto, 2016.

Sibilia[254] se utiliza do termo êxtimo, criado por Lacan, para indicar algo íntimo para o sujeito, mas que está no exterior para defender a ideia que as confissões encontradas nas escritas íntimas dos velhos diários foram alteradas e deram lugar à escrita êxtima. O acervo individual, de afetos e ações, registrado num caderno com chave, denotava o que acontecia no espaço privado e, por isso, é nomeado de íntimo. Aquilo que antes era considerado segredo, por se tratar da intimidade e da vida privada, hoje é exposto ao público nas redes sociais.

O diário êxtimo, para Sibilia,[255] consiste numa nova modalidade do diário íntimo, que agora está exposta diante de milhões de olhos. Trata-se da exposição pública como uma adaptação dos velhos costumes, tornando a intimidade êxtima. É a intimidade nas vitrines virtuais tornando-se pública. É nesse sentido que a autora fala da extimidade, na fronteira entre o extremamente privado e o absolutamente público. Ou seja, qualquer pessoa conectada à internet passa a ter acesso ao que antes fazia parte da intimidade. É a vida, antes privada, que se oferece sem pudor aos olhares de qualquer um disposto a dar uma espiada.

A exibição da intimidade é um fenômeno contemporâneo, que, por meio do compartilhamento de imagens do cotidiano, produz a extimidade ao transformar os testemunhos íntimos que ameaçam a privacidade num show. Como efeitos, produzem mudanças nas possibilidades de comunicação e expressão.

Atualmente somos incitados a exibir sem pudor o que antes ficava protegido na esfera privada. E, como consequência, o campo da experiência subjetiva também se alterou. A incitação à visibilidade, à autopromoção, à busca pela aprovação social por meio das curtidas e à validação pela quantidade de seguidores marca o deslocamento da subjetividade interiorizada para a subjetividade exteriorizada e "publicizada", havendo, consequentemente, mudanças no modo de se relacionar.

---
[254] Idem.
[255] Idem.

A lógica da visibilidade e da conexão constante é primordial na construção de si. A espetacularização da intimidade cotidiana tornou-se habitual e não é restrita aos famosos. O famoso hoje é qualquer pessoa que tenha muitos seguidores e que, por meio das narrativas autobiográficas publicadas por meios audiovisuais, como fotos e vídeos curtos, transmite a própria vida de forma atraente, buscando a interatividade imediata. O famoso é alguém que vive a própria vida como um personagem.

Pessoas comuns se tornam celebridades da internet, que sem fazer nada além do que já fazem, exibem suas rotinas nas redes sociais. A performance e a encenação do modo de vida da pessoa que antes vivia no anonimato conquistam seguidores e despertam o interesse do mercado, que paga por essas publicações. A visibilidade, a conexão e o compartilhamento transformam em mercadoria aquilo que pode trazer lucros pelo marketing.

É um tipo de publicidade encoberta, reforça Sibilia,[256] pelo conteúdo espontâneo dos acontecimentos singulares e das experiências íntimas, que se supõe serem verdadeiros e que são publicados supostamente de maneira desinteressada, endereçados aos "amigos".

A invisibilidade é julgada próxima à inexistência e aquele que não publicar regularmente tende a cair no esquecimento, como bem diz o ditado popular: "quem não é visto, não é lembrado". As postagens podem ser entendidas como testemunho público de existência, seguindo a lógica da sociedade do espetáculo, como define Debord,[257] onde só é o que se vê.

Sibilia[258] questiona se são consideradas vidas ou obras e aponta que a espetacularização de si mesmo para exibir-se ao olhar do outro pode ser considerada uma intimidade inventada, pois, de certo modo, não deixa de ser uma ficção.

---

[256] SIBILIA, P. *O show do eu*. 2. ed. Rio de Janeiro: Contraponto, 2016.
[257] DEBORD, G. *A Sociedade do Espetáculo*. Tradução de Estela dos Santos Abreu. Rio de Janeiro: Contraponto, 1997.
[258] SIBILIA, P. *O show do eu*. 2. ed. Rio de Janeiro: Contraponto, 2016.

O jogo com o olhar está presente da mesma forma no teatro e nas redes sociais. Assim como Sibilia[259], que situa o olhar na encenação, na performance e na ficção autobiográfica das narrativas publicadas na internet, Antonio Quinet (2019) coloca o olhar em cena em seu livro *O Inconsciente Teatral*.

E por que trazer o teatro para essa comparação? Conforme explica Quinet,[260] *teatron* significa, em grego, o lugar de onde se vê, o lugar do olhar. O autor explica ainda que o verbo *Schauen*, presente nas palavras *Schauspilen*, *Schauspieler* e *Schausplatz*, que são traduzidos para o português, respectivamente, por atuar, ator e a cena, significa, ao mesmo tempo, ver e mostrar.

> É digno de nota que em um único e mesmo verbo em alemão temos o ver e o ser visto do circuito pulsional escópico. Isso nos indica que a Cena é ao mesmo tempo um lugar que se vê, de onde se é visto, e de onde se dá a ver. Assim como atuar é mostrar e ver. O ator é aquele que mostra e está de olho, vendo tudo.[261]

É na relação entre olhares que se caracteriza o teatro, produzindo aquilo que lhe é próprio: o espetáculo. Não existe teatro sem ator, espectador e sua troca de olhares. Ou seja, sem a presença do objeto olhar e da circularidade da pulsão escópica em seus três tempos: olhar, ser olhado e se colocar no lugar de objeto a ser olhado, descreve Quinet.[262]

Freud[263] atenta para o olhar participativo do espectador vinculado ao prazer escópico. Não há teatro sem que o voyeurismo e o exibicionismo estejam em jogo. O espectador é, por definição, aquele que quer ver, e o ator, aquele que se dá-a-ver, é visto e brinca com o olhar do público.

---

[259] *Idem.*

[260] QUINET, A. *O Inconsciente teatral.* Rio de Janeiro: Atos e Divãs Edições, 2019.

[261] *Ibidem*, p. 75.

[262] *Idem.*

[263] FREUD, S. [1942 [1905-1906]]. Personagens psicopáticos no palco. *In*: FREUD, S. *Arte, literatura e os artistas.* Tradução de Ernani Chaves. Belo Horizonte: Autêntica, 2021. p. 45-52. (Obras incompletas de Sigmund Freud).

Da mesma maneira acontece com uma pessoa comum no Instagram. A pulsão escópica parte do sujeito ao querer ver o outro e volta a ele porque ele também é um ser visto pelo outro. A pulsão faz o seu circuito na alternância do ver e ser visto. Essa circularidade da pulsão escópica está sempre presente tanto no teatro, quanto nas redes sociais como experiência coletiva.

A tecnologia e o advento das mídias sociais permitem que qualquer pessoa se coloque como protagonista e possa mostrar seu modo de vida para qualquer pessoa. Dessa maneira, as pessoas com deficiência visual utilizam as redes e não ficam de fora desses novos modos de subjetivação, como veremos a seguir.

4.3 O USO DO INSTAGRAM POR PESSOAS COM DEFICIÊNCIA VISUAL

O Instagram é uma rede social que nos últimos anos tornou-se um fenômeno em todo o mundo. A partir do compartilhamento de imagens, sejam elas, fotos, sejam vídeos capturados por telefones celulares, a ferramenta permite a interação dos usuários por meio do *like*. O que está em jogo é o olhar de quem posta e de quem curte. É o dar-a-ver que se faz presente e tem a função de capturar o olhar. Mas o olhar não é só capturado pelo belo, o espanto e a curiosidade também podem fazer o mesmo. Não é raro notar que os deficientes visuais causam curiosidade ao compartilharem seus modos de vida nas redes sociais, sobretudo do Instagram, aplicativo usado como base para esta pesquisa.

O telefone celular possui diversas funcionalidades, incluindo a acessibilidade para pessoas com deficiência visual, que, se ativada, é capaz de fazer a leitura do que se passa na tela. O aplicativo também fornece configurações acessíveis, como a legenda alternativa. Há ainda as *hashtags*: #paracegover #paratodosverem, entre outras, que filtram o material acessível de modo a selecionar as publicações que possuem descrição das imagens.

A audiodescrição é um meio de acessibilidade de inclusão que tem como objetivo descrever oralmente as imagens para que pessoas cegas ou com baixa visão possam compreender conteúdos visuais, como fotografias, cenas de filme, esculturas. Desse modo, os usuários do Instagram que possuem deficiência visual conseguem utilizar a ferramenta e manusear o telefone sem empecilho.

Pensamos, então, na relação que a pessoa com deficiência visual tem com esse dispositivo e a questão que nos instiga é pensar sobre a apreensão das imagens que ali são publicadas, que se dão exclusivamente pelo registro do simbólico por meio da audiodescrição.

Marcos Lima, em seu livro *Histórias de Cego*, publicado em 2020, relata que busca com suas publicações no YouTube e no Instagram aproximar os espectadores e leitores, de forma divertida, do cotidiano de uma pessoa com deficiência visual. Marcos nasceu com glaucoma congênito e, aos seis anos, perdeu completamente a visão.

Em um capítulo intitulado "Eu não quero a visão, quero a visualização", fala do canal "Derrubando Preconcegos" — preconceito contra cegos —, que desmistifica a ideia de que cegos são improdutivos e infelizes. Ele explica que preconceito é o desconhecimento e que seu objetivo era responder às perguntas que pessoas fazem: como cegos sonham? Cegos usam o celular? Ou seja, se aproximar daqueles que querem saber, levando informação. "E não é qualquer informação: é um cego falando de coisas de cego. Estou falando pelo meu ponto de vista, mostrando como é a minha vida [...]".[264]

Lima conta sobre como os cegos identificam as coisas. E sobre o teor divertido das postagens, diz que busca "[...] quebrar a visão que a pessoas têm de que somos tristes e coitadinhos".[265] E que o importante "[...] é que as pessoas aceitem a deficiência como algo natural, como algo com que nós conseguimos viver, como algo que está mais relacionado à falta de acessibilidade e ao preconceito do que à incapacidade".[266] Ele diz ter criado o canal para que a sociedade possa enxergá-lo de maneira diferente.

Nota-se, nos perfis do Instagram, que pessoas com deficiência compartilham com seus seguidores seu *lifestyle* e sua rotina por meio das imagens publicadas praticando atividades físicas, viajando,

---

[264] LIMA, M. *Histórias de cego*. Rio de Janeiro: Oficina Raquel, 2020. p. 108.
[265] *Idem*, p. 108.
[266] *Ibidem*, p. 110.

visitando museus e frequentando restaurantes, de modo a mostrar que são funcionais e capazes. É na contramão do capacitismo que caminham essas pessoas.

O que o Instagram apresenta é o modo de vida dos usuários, e a pessoa com deficiência mostra que está inserida e que também pode se divertir, trabalhar e acompanhar as tendências da moda. E da mesma forma que uma pessoa vidente, expõe suas imagens alinhadas com o discurso de bem-estar, beleza, saúde e sobretudo de que são capazes de viver uma vida dita "normal".

O material publicado apresenta, na maioria das vezes, recortes da vida cotidiana dos usuários e aponta também para a relação do sujeito com a própria imagem, como notamos frequentemente nas famosas *selfies,* que atualmente são o tipo de imagem mais exibido.

Rosa[267] apresenta um estudo sobre a rede como um fenômeno social. O autor fala sobre o modo do homem se relacionar e apreender o mundo por imagens. Ele diz que o Instagram mudou a relação com a fotografia e que hoje as razões para se tirar uma foto não são as mesmas do passado.

A fotografia na rede social é um recorte autobiográfico de imagens instantâneas, que criam narrativas e convocam o espectador a participar, compartilhar, opinar e que tecem modos de vida considerados saudáveis, "proativos", felizes. Para a pessoa com deficiência visual, o uso das redes sociais é ainda um modo de exibir sua capacidade, autonomia e possibilidades de ser e estar no mundo.

A questão da imagem e da imagem de si são temas já abordados neste trabalho a partir dos estudos de Freud e Lacan. Lacan[268] nos ensina que "mostrar-se" é um mostrar-se ao olhar do Outro.

As *selfies* nada mais são do que uma imagem especular. O fotógrafo e o fotografado são a mesma pessoa. É um autorretrato. Partindo dessa perspectiva, causa curiosidade notar que pessoas cegas utilizam esse estilo de foto em seus perfis.

---

[267] ROSA, V. L. S. *O fenômeno instagram*: o especular e seu avesso. 2022. 99 f. Dissertação (Mestrado em Psicanálise, Saúde e Sociedade) — Universidade Veiga de Almeida, Rio de Janeiro, 2022.

[268] LACAN, J. [1964]. *O Seminário, livro 11*: os quatro conceitos fundamentais da psicanálise. Rio de Janeiro: Jorge Zahar Ed., 2008.

Em relação à estética corporal, influenciadores digitais com cegueira ou baixa visão publicam momentos de autocuidado com cabelo e pele, assim como compartilham a prática de esporte e escolha do *look* do dia. Esses conteúdos apontam para a preocupação de estar na moda e belo aos olhos de quem vê, como diz o ditado, que nos leva a pensar sobre o uso do Instagram, onde são compartilhadas imagens que transmitem um ideal de beleza e bem-estar.

Conforme apontam Aranha e Martins,[269] o corpo é objeto de interesse do ser humano desde a civilização grega e já sofria influência nos padrões estéticos e culturais daquela época. O termo "corpo escultural" faz referência à escultura grega, em que a imagem corporal era representada pelos gregos a partir de formas com proporções ideais. As esculturas enfatizavam a beleza do corpo humano, em que a imagem nunca era representada sob a forma real, e, sim, ideal. Percebemos que a civilização grega nos legou padrões estéticos e culturais com relação ao corpo e à saúde que ainda hoje nos influenciam. Contudo, a valorização do corpo na contemporaneidade tem outra conotação.

> Levando em consideração a história do corpo na civilização ocidental, ele sempre foi, desde os gregos, palco para o olhar e objeto de desejo. Mesmo na mitologia grega o corpo era muito valorizado, uma vez que, os gregos possuíam a beleza e a juventude eternas. Atualmente o corpo é fetichizado e colocado pelo capitalismo como mercadoria, como objeto de consumo.[270]

Sabemos que o Instagram reforça que o corpo ocupa o lugar de objeto de consumo em nossa sociedade. No *feed*, nos deparamos com um ideal narcísico de ter um corpo dentro dos padrões estéticos e saudáveis. Nesse plano, o corpo é tomado como primordial, pois é a partir dele que os sujeitos podem se sentir inseridos na sociedade, e não seria diferente com a pessoa com deficiência.

---

[269] ARANHA, M. L. A.; MARTINS, M. L. P. O Corpo. *In*: ARANHA, M. L. A.; MARTINS, M. L. P. *Filosofando*: introdução a filosofia. 2. ed. São Paulo: Moderna, 1993.
[270] MENDES, E. D.; PRÓCHNO, C. C. S. C. Corpo e novas formas de subjetividade. *Psychê*, São Paulo, v. 14, p. 147-156, p. 148, 2004. Disponível em: http://pepsic.bvsalud.org/pdf/psyche/v8n14/v8n14a09.pdf. Acesso em: 18 out. 2022.

O Instagram é uma mídia social que promove e permite que novos modelos estéticos sejam compostos, contribuindo para que esses padrões sejam difundidos, entre eles a desmistificação de que a pessoa com deficiência é incapaz de participar ativamente desses novos modelos. Segundo Novaes,[271] a mídia ocupa o lugar de professor, ensinando qual o corpo que se deve ter e desejar e ainda como atingir esse ideal e como utilizá-lo da forma mais eficaz.

Sendo os indivíduos norteados pelo controle social, o *influencer* digital com deficiência transmite aos seguidores que é possível ser independente para morar sozinho, participar de atividades culturais, praticar esportes e estar nas redes sociais. Trata-se do enquadramento ao ideal de normalidade sendo difundido pela publicidade de si. Uma vitrine da vida privada que paradoxalmente passou a não ser mais privada, como salienta Rosa.[272]

O objetivo inicial do Instagram era promover a interação social por meio das imagens, mas, com o tempo, a ferramenta passou a ser instrumento de trabalho para muitos usuários. A imagem se tornou um produto. As imagens publicadas retratam modos de vida e são uma vitrine da felicidade, onde os seguidores compram a ideia do belo e feliz pela imagem do outro. Tanto que, na última década, ascendeu uma nova categoria de trabalho, a de influenciadores digitais e, entre eles, pessoas com deficiência visual falam sobre o seu cotidiano.

Interessados na habilidade de capturar o olhar do Outro, empresas contratam essas pessoas para testificarem que possuem responsabilidade social e que oferecem serviços e produtos acessíveis. Os autores Mendes e Próchno dizem que:

> Na cultura ocidental há um grande investimento na auto-imagem. O corpo 'belo' é considerado uma mercadoria poderosa, cara. O olhar passa a ocupar lugar central — é o mundo as imagens, das apa-

---

[271] NOVAES, J. V. Mulher e beleza: em busca do corpo perfeito, práticas corporais e regulação social. *Tempo psicanalítico*, Rio de Janeiro, n. 33, 2001. p. 37-54.
[272] ROSA, V. L. S. *O fenômeno instagram: o especular e seu avesso*. 2022. 99 f. Dissertação (Mestrado em Psicanálise, Saúde e Sociedade) — Universidade Veiga de Almeida, Rio de Janeiro, 2022.

rências. A 'cultura do narcisismo' e a 'sociedade do espetáculo' enfatizam a exterioridade e o autocentramento. [...] O sujeito perde-se em sua própria imagem, não dando conta das suas relações com o outro, pois amar implica em sacrificar um fragmento do seu narcisismo, enquanto ser amado implica em ser visto e apreciado.[273]

Sabemos que a cultura na qual o sujeito está inserido cobra pela busca do corpo belo e saudável. Portanto, pensar sobre o corpo é pensar na estrutura social. As mudanças do corpo em direção à beleza e ao que é saudável tornam o sujeito cada vez mais submisso aos padrões impostos pela sociedade. Esse passa a agir de acordo com as influências desses padrões culturais.

A valorização do corpo cresce no Instagram. Contudo, há séculos a supervalorização da estética corporal é questionada. Freud[274] caracteriza o desfrute da beleza como uma estratégia para a busca da felicidade, mostrando-se intrigado com a valorização da beleza, ainda que essa não lhe proporcione nenhuma utilidade. Ele contestava a beleza como uma forma de alcançar a felicidade, apontando que o que passa a valer é a imagem a partir de um ideal e, com isso, o corpo ideal deve ser alcançado a qualquer custo em prol dessa prometida felicidade.

O alcance de uma forma física ideal, para Novaes,[275] é sempre inatingível, pois as imagens veiculadas nada têm de humanas e a promessa de felicidade absoluta remete o sujeito à insatisfação face à sua impossibilidade de adequar-se aos novos padrões estéticos: "Toda a questão da estética corporal, de suas práticas e desempenho, poderia ser traduzida na busca de uma harmonia interior com o exterior".[276]

---

[273] MENDES, E. D.; PRÓCHNO, C. C. S. C. Corpo e novas formas de subjetividade. *Psychê*, São Paulo, v. 14, p. 147-156, 2004. p. 150. Disponível em: http://pepsic.bvsalud.org/pdf/psyche/v8n14/v8n14a09.pdf. Acesso em: 18 out. 2022.

[274] FREUD, S. [1930]. O mal-estar na cultura. In: FREUD. S. *Cultura, sociedade, religião*: O mal-estar na cultura e outros escritos. Tradução de Maria Rita Salzano Moraes. Belo Horizonte: Autêntica, 2020. p. 305-410. (Obras incompletas de Sigmund Freud).

[275] NOVAES, J. V. Mulher e beleza: em busca do corpo perfeito, práticas corporais e regulação social. *Tempo psicanalítico*, Rio de Janeiro, n. 33, 2001. p. 37-54.

[276] *Ibidem*, p. 43.

É curioso pensar que, mesmo que a pessoa não enxergue, ela possui um ideal de beleza. Da mesma forma, pensamos no uso dos filtros na edição das fotos postadas no Instagram. Das imagens, são apagadas as imperfeições e as cores e a iluminação são modificadas. Logo, o que se vê na internet também é uma ilusão.

Devido à emergência desses novos modos de subjetivação, deve-se salientar a necessidade de instrumentalizar o saber psicanalítico para participar do atual debate, que se faz urgente face aos atravessamentos que dispositivos como o Instagram provocam nos sujeitos que chegam à clínica, assim como devemos pensar que esse é um dispositivo de captura do olhar que busca o fascínio do olhar do Outro. É uma espécie de apelo ao Ideal do Outro que está em jogo no ver e ser visto pela tela do celular e que não exclui a pessoa com deficiência visual.

CONSIDERAÇÕES FINAIS

Na observação clínica em um Centro Especializado em Reabilitação para Deficientes Visuais, me deparei com questões subjacentes ao olhar que está no cerne dos processos psíquicos. Ao buscar responder à questão que originou esta obra: "Qual, então, seria a natureza do olhar que afeta o sujeito cego?", percorri um caminho para alcançar respostas, que foi atravessado por outros campos de saber além da psicanálise, como a filosofia e a arte, e que possibilitou desdobramentos particulares e inovadores. Todo aprofundamento feito surgiu por meio da curiosidade e estranhamento provenientes da experiência com pessoas cegas e com baixa visão.

Atenta à recorrência em que analisantes que não enxergam falam sobre o olhar e considerando a lógica do inconsciente, este trabalho constatou que há uma controvérsia. Muitas vezes encontramos os termos visão e olhar designando a mesma função, estando eles associados à aquisição do conhecimento. No entanto, por meio da perspectiva filosófica realizada no primeiro capítulo foi possível a dissociação entre ver e saber, levando à conclusão de que a visão não é um requisito imprescindível e garantia para alcançar o conhecimento. A desconstrução dessa ideia foi fundamental e serviu como fundamento para desenvolvimentos posteriores sobre a diferença entre visão e olhar, necessários para situar, no segundo capítulo, que a deficiência visual não é, para a psicanálise, um sintoma a ser tratado.

Sabendo que ver e olhar não são sinônimos, foi possível alcançar a compreensão que não depende do olho e da sua plena funcionalidade para a pessoa conhecer o que há no mundo externo e se constituir enquanto sujeito. Ainda que uma pessoa nasça cega, o que ela apreende é por meio das demais percepções e, sobretudo, do simbólico.

Diversos atravessamentos foram trabalhados no decorrer do livro com o objetivo de mostrar que o olhar não tem localização orgânica. O uso do divã comparado à experiência da análise de pessoas com deficiência visual reforçou que as emanações pulsionais do olhar não se submetem à visão.

Por conseguinte, a natureza do olhar que afeta o cego é o olhar que não tem consistência, não é do campo do visível, ausente no campo das aparências, não é subjugado ao aparelho ocular e não depende da percepção visual. Esse olhar, na sua forma de objeto *a*, é inapreensível. Ou seja, não há imagem do olhar, a sua via de acesso se dá por intermédio da angústia e da fantasia que surge, por exemplo, quando uma pessoa cega se vira para esconder o rosto ruborizado após falar algo que se sente envergonhada ou como aqueles que se recusam em usar a bengala articulada; ambos os exemplos se referem à presença do olhar do Outro e à vergonha de serem vistos.

Esse olhar que vem de fora incide sobre o sujeito e arrebata ao aparecer como equívocos, deformações, mancha. Ele escorrega e não se deixa apreender, é um estranho que não damos conta de explicar. Mas com seu duplo aspecto além de ser causa de angústia, é objeto de desejo quando, por exemplo, comparece nas redes sociais como um apelo ao olhar do Outro.

Os fundamentos para essa compreensão foram o conceito freudiano de pulsão e sua relação com o objeto *a* referido por Lacan. Esse olhar, objeto de desejo e causa de angústia, não se localiza no corpo biológico, mas, sim, no corpo pulsional regido pela lógica dos significantes e que por isso comparece na fala dos analisantes com deficiência visual.

Com base no referencial teórico psicanalítico, foi possível averiguar que esse olhar que a pessoa que não enxerga fala se faz presente, mesmo fora do campo visual. A importância da escuta clínica para situar as questões que interpelam o sujeito, que não necessariamente tem relação com a deficiência, foi ressaltada. Esses sujeitos devem ser ouvidos sob essa perspectiva, pois o olhar assume outro lugar que não tem relação com a visão. Trata-se de sabermos, na fantasia, que somos seres olhados.

Este livro apresenta, a partir da experiência clínica com pessoas com deficiência visual e do apanhado teórico sobre o olhar, enquanto objeto, que o olhar que se trata, está no campo do Outro e não no campo visual. A investigação revelou, com o estudo do estádio do espelho e sua dinâmica, que foi possível compreender que a formação da imagem corporal para a pessoa que não enxerga se dá por meio da linguagem. Aprendemos com Lacan no desenvolvimento de sua ideia sobre o estádio do espelho, que o olhar vem a ocupar o lugar do Outro e que o fato de não enxergar não recai na incapacidade da imagem da pessoa com cegueira ser integrada. A cadeia significante é a responsável pelo reconhecimento e idealização da própria imagem. O eu depende da unificação corporal, que ocorre na relação com o outro. E o estádio do espelho é uma alusão metafórica que nos permite compreender essa relação e a influência do simbólico na constituição do sujeito que nasce como um pedaço de carne e só se torna humano se cuidado por outro. Constituímo-nos por meio da linguagem, somos efeito dela, nesse sentido, o Outro é um espelho quando responde ao apelo, nomeia o choro e atende, de certa forma, à demanda. A imagem corporal é elaborada pela linguagem e é inconsciente. E o que está representado no inconsciente é os significantes que advêm do Outro e que se transformam em representações visuais, como as cenas dos sonhos, por exemplo.

O livro também apresenta que, com base na ciência e no discurso do capitalista, alguns significantes que advém do Outro se impõem de maneira a alienar o sujeito, sendo esse representado pelos significantes, como: deficiente, incapaz, dependente, improdutivo. Desse modo, fomentam as ideias capacitistas e a segregação.

A partir da mediação do Outro, a pessoa que nunca enxergou constrói seus ideais. O ideal de beleza, por exemplo, é construído nessa relação com o Outro, que se dá por meio da linguagem, e não por comparações visuais. Da mesma forma, acontece a autodescrição, elas se descrevem conforme as características que ouviram de alguém. No entanto, somos todos, cegos e videntes, referidos ao que o Outro nos diz que somos, pois vem dele o Ideal.

"O inconsciente é estruturado como uma linguagem", diz o aforismo lacaniano. Determinado pelos significantes, o sujeito do inconsciente é o discurso do Outro, que não se define, nos ensina Lacan. Os significantes, que provêm dos ditos daqueles que ocuparam para o sujeito o lugar do Outro, são recalcados e constituem o Ideal do eu.

O imaginário se completa pela mediação do Outro, que possui caráter preponderante, na medida em que o sentido vem sempre do Outro. Portanto, o simbólico determina o imaginário, tornando-o não absoluto. Referimo-nos ao que o Outro nos diz que somos. Mas o sujeito é, por definição, indefinido.

O acesso ao Outro como lugar dos significantes se dá por meio das formações do inconsciente. Está aí à importância do trabalho da análise, que permite ao sujeito se desalienar dos significantes que operam como correntes o aprisionando e, com a elaboração, possibilita a retificação subjetiva.

No decorrer do livro, constatou-se que o olhar se apresenta de várias formas, inclusive por meio de um discurso normalizador que incide sobre todos os corpos. Também se constatou que é sempre necessária a mediação do Outro, nos dizendo o que são as coisas do mundo visível, e a tecnologia também exerce essa função. Ao falarmos da fotografia e das redes sociais o Outro olhar se apresenta na imagem idealizada às reações desse Outro. A presença do olhar como objeto de desejo é claramente observada na experiência das pessoas com deficiência visual no Instagram e no ideal de beleza que revelam. O olhar que, embora opere no campo do desejo, também é temido por ter um caráter de vigilância, pois, nas redes, somos vistos o tempo todo por qualquer um.

Então, se por um lado está à deficiência visual como um impedimento para enxergar; do outro, a psicanálise propõe que há o olhar. Assim, a correlação entre olhar e cegueira está impressa em cada parte dessa obra. Foi possível verificar com as reflexões apresentadas que a pessoa com deficiência visual é capturada pelo olhar. Ao mesmo tempo que elas buscam e se exibem ao olhar do outro e, com isso, obtêm satisfação, podem também desviar, se esconder por causa da angústia que esse olhar provoca.

Como consequência desse trabalho, a psicanálise supera os limites da clínica e alcança questões que estão presentes na sociedade, como o capacitismo e a segregação. Com a legitimidade de seus fundamentos teórico-clínicos e ética, pode contribuir com formulações que fornecem subsídios para pensarmos nas questões que atravessam a vida das pessoas com deficiência, como a ruptura do estigma de que elas são incapazes, improdutivas e dependentes. Abre-se, então, um caminho para a ressignificação da deficiência e saída da lógica capacitista. E, desse modo, reforça a necessidade de desdobramentos políticos para a inclusão.

Da mesma forma que a psicanálise não desconsidera o orgânico, nós devemos investigar se tais deficiências impactam as relações do corpo com o psiquismo. Em especial, a deficiência visual, já que a teoria psicanalítica descreve diversos momentos da constituição do sujeito a partir apenas da perspectiva da pessoa vidente. E, com este trabalho, averiguamos que o cego encontra as suas formas de constituição psíquica e subjetivação.

Ao superar os limites da clínica e não se isentar dessas discussões, o psicanalista é convocado a refletir sobre os atravessamentos sociais e políticos frente às questões de caráter tão particular que atravessam a vida das pessoas com deficiência, contribui para a sociedade ao assumir um compromisso ético e reforça a urgência do debate sobre as práticas e discursos que fomentam o capacitismo e a segregação, assim como a necessidade de desdobramentos que visam à inclusão para além do suprimento das necessidades básicas de sobrevivência. Pois o que a psicanálise propõe é uma perspectiva que considera a singularidade do sujeito.

Certa de ter reconhecido a importância de estender os limites da clínica em um Centro Especializado em Reabilitação para Deficientes Visuais e me debruçar em outras evidências, como na arte, na cultura e no cotidiano de modo geral, para buscar uma aproximação daquilo que o olhar traz, espero com esse livro contribuir para as comunidades acadêmica e psicanalítica, assim como para a sociedade, a fim de provocar mudanças nas representações acerca da pessoa com deficiência visual.

POSFÁCIO 1

Muito já foi dito acerca do olhar e da pulsão escópica, temos acesso a uma vasta literatura. Contudo, a obra que o leitor tem em mãos, e teve o privilégio de ler, parte de uma experiência muito particular e cara à Joyce, que bordeja sua prática: como e por que o olhar do outro seria causa de angústia para aqueles que nunca viram?

Um texto de referência e que norteia Freud sobre a imagem é *A Cabeça da Medusa*, de 1922, que deu suporte à doutrina sobre *das bild*, imagem: a relação do olhar e da imagem pelo desvio da castração, ou, ainda, desvio da castração pela imagem. Freud se serve do termo grego *apotrópico*, que significa desviar, para ressaltar essa característica da imagem que traz consigo a função de desvio em relação ao que ela mascara. Nesse sentido, a imagem terrificante da Medusa desvia o sujeito do que seria insuperável, da ausência da imagem enquanto tal. Por mais terrificante que seja a imagem que o espelho envia ao sujeito é menos angustiante que a total ausência de imagem; é aí que a cabeça da medusa recebe essa função *apotrópica* numa imagem; ou bem existe uma imagem e ela nos olha ou bem a ausência do olhar.

Merleau-Ponty se debruça na discussão sobre a visão ao questionar o modo como o corpo sente e interage com o meio externo. O filósofo salienta que a via de acesso para o mundo se dá por meio da percepção, que tem uma dimensão ativa e constituinte. Aqui encontramos o *se fazer ver*, um aspecto da reversibilidade. Essa reversibilidade seria o ponto invisível, cego. Nessa mesma veia, Sartre, como ressalta Lacan,[277] nos indica que nós somos seres olhados, mas, mais ainda, seres que se sabem serem olhados por outrem. Há uma anterioridade do olhar que já está lá antes mesmo do aparecimento do sujeito/objeto. O *olhar não se situa simplesmente ao nível dos olhos*, os olhos podem não aparecer, estarem mascarados. Assim, mais do

---
[277] LACAN, J. [1964]. *O Seminário, livro 11*: os quatro conceitos fundamentais da psicanálise. Rio de Janeiro: Jorge Zahar Ed., 2008.

que um órgão, falamos aqui do movimento circular da pulsão, a partir da divisão do sujeito, e do surgimento do desejo. Não é a visão como exterioridade, origem ou percepção que ordenaria o mundo do sujeito. Mas sim, o mundo torna-se visível a partir do momento em que o olhar é subtraído do outro. Uma *anamorfose* acontece, produzindo um espectador dividido na estrutura do campo escópico.

A partir dessas características, muito pertinentemente Joyce não esgota a questão: há pulsão escópica em pessoas cegas? Qual seria o órgão ou parte do corpo relacionada à pulsão escópica nas pessoas cegas, o circuito pulsional ali está: familiar e estranho; um duplo, que não cessa de comparecer. Aquilo que lhe é tão familiar e torna-se estranho a ele mesmo, corresponde a tese de Freud em seu artigo "O Estranho", enquanto categoria do horror, que remete ao familiar, mas que se tornou alheio ao próprio sujeito.

O duplo como figura do estranho, que surge como imagem especular, a mesma que no estádio do espelho foi fonte de júbilo para o sujeito, torna-se causa de estranheza, quando o corpo enquanto familiar, vira espectro e objeto de angústia. O Estranho e o familiar se apresentam numa continuidade moebiana, e não em oposição. A íntima familiaridade da estranheza nos conduz à constituição do sujeito, à constituição do eu, do narcisismo como condição dessa familiaridade que contingencialmente pode tornar-se estranha ao eu. Ou seja, só há estranheza no sentido do *Unheimliche* freudiano, onde há familiaridade.

O papel indispensável do Outro para a constituição do eu e o caráter de exterioridade da imagem própria são pontos fundamentais para pensar a questão do estranho em sua articulação com a formação do eu, possibilitando a observar como a própria imagem pode se tornar fonte de estranheza, e de angústia. O fenômeno do *Unheimliche* mostra que a mesma imagem da qual o eu depende para se constituir pode se tornar uma ameaça; essa coincidência entre aquilo que o constitui e o que o aniquila pode ser observada no fenômeno do duplo, em que há um destacamento da imagem especular que se apresenta como duplo, estranho para o sujeito. "O espelho" de Guimarães Rosa, *O duplo* de Dostoievsky, "O outro" de Jorge Luís Borges, são alguns poucos exemplos literários, dentre vários, que traz como tema o duplo enquanto fonte de horror e de angústia.

Joyce nos abre e aponta caminhos possíveis para refletir e fazer avançar a pesquisa numa prática tão peculiar e ao mesmo tempo crucial que é a sua, com cegos, afinal, *lá onde a visão falha, o olhar advém* resultando numa esquize, numa divisão subjetiva, mas não sem o outro em cena, *(em) cenando* com o sujeito, numa *encena (ação)*, na *outra cena*. Gostaria de finalizar este posfácio em companhia de Maurice Blanchot;[278] Um olhar é muito diferente do que se acredita, ele não tem nem luz, nem expressão, nem força, nem movimento, ele é silencioso, mas, do seio do estranhamento, seu silêncio atravessa os mundos, e aquele que o escuta torna-se outro (*L àrret de mort*).

Brasília, 16 de novembro de 2023.

Daniela Scheinkman
Professora Titular no Instituto de Psicologia e do Programa de Pós-Graduação em Psicologia Clínica e Cultura na Universidade de Brasília. Membra da Escola de Psicanálise dos Fóruns do Campo Lacaniano. Membra do GT da Anpepp: Psicanálise, Política e Clínica. Pesquisadora do Cnpq com o Projeto: Temporalidade e Elaboração do Sofrimento Psíquico na Pandemia da Covid 19: Corpo e Trauma na Psicanálise.

Referências

BLANCHOT, M. *Pena de morte*. Tradução de Ana Maria de Alencar. Rio de Janeiro: Imago, 1991.

BORGES, J. L. [1975]. O Outro. *In*: BORGES, J. L. *O Livro de Areia*. Tradução de Davi Arrigucci Jr. São Paulo: Companhia das Letras, 2009. p.7-16.

DOSTOIÉVSKI, F. *O duplo:* poema peterburguense. Tradução de Paulo Bezerra. São Paulo: Editora 34, 2011.

---

[278] BLANCHOT, M. *Pena de morte*. Tradução de Ana Maria de Alencar. Rio de Janeiro: Imago, 1991.

FREUD, S. [1940 [1922]]. A cabeça da medusa. *In:* FREUD, S. *Além do princípio de prazer, psicologia de grupo e outros trabalhos.* Direção de Jayme Salomão. Rio de Janeiro: Imago, 1996. p. 289-290. (Edição standard brasileira das obras psicológicas completas de Sigmund Freud, 18).

FREUD, S. [1919]. *O infamiliar e outros escritos.* Tradução de Ernani Chaves e Pedro Heliodoro Tavares. Belo Horizonte: Autêntica, 2020. (Obras incompletas de Sigmund Freud).

LACAN, J. [1964]. *O Seminário, livro 11*: os quatro conceitos fundamentais da psicanálise. Rio de Janeiro: Jorge Zahar Ed., 2008.

ROSA, J. G. [1962]. O espelho. *In:* ROSA, J. G. *Primeiras estórias.* 5. ed. Rio de Janeiro: José Olympio, 1969. p.73-74.

POSFÁCIO 2

O trabalho de Joyce Laudino se inscreve no chamamento que foi realizado por Freud em 1918 e que se tornou um texto de referência para os psicanalistas que não se restringem aos seus consultórios. Freud, no texto *Caminhos da terapia Psicanalítica* (1918[1919]), convocou os psicanalistas para pensarem em formas de levar a psicanálise para aqueles que não poderiam pagar por um tratamento no molde particular. Ao mesmo tempo tal texto traz a importância de se criar políticas públicas que possam possibilitar o acesso ao tratamento em saúde mental. Felizmente, hoje temos trabalhos que demonstram que a psicanálise não ficou somente numa articulação teórica, o texto de Freud, como é constatado por Danto[279], efetivou-se numa passagem à ação, os psicanalistas começaram a criar clínicas públicas. Em Viena, começaram a contribuir em escolas, assistência social, atendimento a adolescentes, crianças abandonadas, operários, ou seja, toda uma população que até então não tinha acesso a um tratamento, mostrando que em apenas 20 anos da criação da psicanálise por Freud, os psicanalistas iniciaram um trabalho para além dos consultórios, o que prova que a psicanálise não tem um viés elitista, como alguns críticos chegaram a acusar. Freud verificou que não se podia ficar limitado ao consultório, mostrando que a psicanálise teria muito a contribuir para diferentes situações de sofrimento. É justamente nesse momento que a clínica psicanalítica adentra as instituições e por isso afirmamos que o trabalho da psicanalista atende à convocação de Freud.

Joyce Laudino nos traz um trabalho contundente a partir da sua experiência em uma instituição de reabilitação que acolhe e trata pessoas com deficiência visual. Trabalho esse fundamental, realizado com parte da população que por muito tempo foi tanto discriminada, quanto segregada em razão do capacitismo que ainda se faz forte e presente em nossa sociedade.

---

[279] DANTO, E. A. *As clínicas públicas de Freud*: psicanálise e justiça social (2005). São Paulo: Perspectiva, 2019.

Se na Grécia antiga havia o mito de Tirésias, que por ser cego, teria o dom de olhar para além da visão, ou seja, os gregos mostrando que na ausência de uma função, se pode ter outra e talvez até mais apurada, já em nossa sociedade se impôs o modelo da pessoa produtiva para assim trabalhar sempre e mais para a produção dos *gadgets* do discurso do capitalista. Para ser tal pessoa, deveria estar plena em suas funções, caso não estivesse, não seria produtiva e, o mais agravante, até mesmo sem condições de cuidar e gerir a própria vida, gerando uma eterna dependência dos familiares.

O capacitismo, fruto do discurso do capitalista, ainda perdura, produzindo a segregação das pessoas com alguma deficiência.

Lacan[280] falou que os nazistas foram os precursores da segregação em larga escala, por meio dos campos de concentração e solução final para o povo judeu, pois conseguiram tal feito macabro devido ao uso de aportes da ciência moderna e da racionalidade industrial. Porém, Lacan nos advertiu que teríamos formas mais sutis de segregação e não seriam mais os campos de concentração, as formas de segregação tão mais refinadas que uma dada parte da população não saberia que estava sendo segregada.

As pessoas com deficiência visual vivenciam uma segregação sutil assim. Se por um lado, temos o fenômeno da reclusão fruto da discriminação, a segregação ocorre quando não se tem formas de possibilitar a circulação pelas cidades, a ocupação de espaços, lugares. Até hoje, não se tem calçadas adequadas e bem sinalizadas, placas em braile e recursos sonoros para informação e estudos. O cenário já foi muito pior, porém a situação ainda não é das melhores e os efeitos da segregação também são sentidos por muitas pessoas com deficiência visual, não só pela dificuldade de mobilidade nas cidades, mas acesso aos estudos, curso de nível superior, pós-graduação, postos de trabalho, mesmo havendo leis e incentivos para romper a segregação.

As pessoas com sofrimento psíquico grave, como esquizofrenia, não são sempre corretamente atendidas em hospitais, ambulatórios e clínicas da família quando estão com alguma doença ou suspeita

---

[280] LACAN, J. [1967]. Proposição de 9 de outubro de 1967 sobre o psicanalista da Escola. *In:* LACAN, J. *Outros escritos*. Rio de Janeiro: Jorge Zahar Ed., 2003. p. 248-264.

de doença orgânica, pois só se vê a "doença mental", ou seja, o sofrimento psíquico impede de se ver que esses sujeitos podem ter outros sofrimentos. Por outro lado, as pessoas com deficiência visual não encontravam locais que pudessem escutar suas questões, angústias e sofrimentos que podem ir além da deficiência ou mesmo aqueles que podem ser potencializados pela própria deficiência, que também é produto da segregação. Pois os sofrimentos psíquicos das pessoas com deficiência visual não eram vistos em razão da deficiência.

A criação de instituições de reabilitação para pessoas com deficiência visual, possibilitou a escuta de tais sujeitos, ao incluir em suas equipes de reabilitação profissionais de saúde mental, sendo alguns orientados pela psicanálise como a Joyce, que sustentou o discurso do psicanalista dando lugar à fala de tais sujeitos e assim que as pessoas com deficiência visual tivessem seus lugares de sujeitos singulares reconhecidos. O resultado de tal sustentação, temos agora em nossas mãos para ler, refletir, lançar questões e se deparar com um olhar para além da visão.

Rio de Janeiro, 20 de novembro de 2023.

Richard Couto
Psicanalista, formado em Psicologia pela Universidade Federal do Amazonas. Doutor e mestre em Psicanálise pela UERJ. Professor do Programa de Mestrado e Doutorado de Psicanálise, Saúde e Sociedade da UVA. Autor de artigos em revistas especializadas. Parecerista de revistas nacionais e internacionais. Supervisor clínico institucional de Caps. Participante do Fórum do Campo Lacaniano Rio de Janeiro.

Referências

DANTO, E. A. [2005]. *As clínicas públicas de Freud*: psicanálise e justiça social. São Paulo: Perspectiva, 2019.

FREUD, S. [1919[1918]]. *Caminhos da terapia Psicanalítica*. In: FREUD, S. *Fundamentos da clínica psicanalítica*. Tradução de Claudia Dornbusch.

Belo horizonte: Autêntica, 2017. p. 191-204. (Obras incompletas de Sigmund Freud).

LACAN, J. [1967]. Proposição de 9 de outubro de 1967 sobre o psicanalista da Escola. *In:* LACAN, J. *Outros escritos.* Rio de Janeiro: Jorge Zahar Ed., 2003. p. 248-264.

REFERÊNCIAS

A PROVA. Direção e roteiro: Jocelyn Moorhouse. Austrália, 1991.

ALMEIDA, R. *O objeto olhar e suas manifestações na psicose*: delírios de observação. 2002. Disponível em: https://docplayer.com.br/112108606-O--objeto-olhar-e-suas-manifestacoes-na-psicose-o-delirio-de-observacao.html. Acesso em: 9 jan. 2024.

ARANHA, M. L. A.; MARTINS, M. L. P. O Corpo. *In:* ARANHA, M. L. A.; MARTINS, M. L. P. *Filosofando*: introdução a filosofia. 2. ed. São Paulo: Moderna, 1993. p. 311-318.

BICHARA, M. O olho e o conto: as pulsões fazendo histórias. *Mental*, Barbacena, v. 4, n. 7, p. 85-105, nov. 2006. Disponível em: http://pepsic.bvsalud.org/scielo.php?script=sci_arttext&pid=S1679-44272006000200006&lng=pt&nrm=iso. Acesso em: 14 dez. 2021.

BLANCHOT, M. *Pena de morte*. Tradução de Ana Maria de Alencar. Rio de Janeiro: Imago, 1991.

BORGES, J. L. [1975]. O Outro. *In:* BORGES, J. L. *O Livro de Areia*. Tradução de Davi Arrigucci Jr. São Paulo: Companhia das Letras, 2009. p.7-16.

CÉZANNE, P. [1902-1906]. Monte Santa Vitória. *In: Paul Cezanne:* the complete works, 2002-2017. Disponível em: https://www.paul-cezanne.org/Mont-Sainte-Victoire-Above-The-Tholonet-Road.html. Acesso em: 17 jan. 2023.

CÉZANNE, P. [1902-1906]. Monte Santa Vitória. *In: Paul Cezanne:* the complete works, 2002-2017. Disponível em: https://www.paul-cezanne.org/Mont-Sainte-Victoire-Courtauld.html. Acesso em: 17 jan. 2023.

CÉZANNE, P. [1906]. *Correspondência*. Tradução de Antônio Danesi. São Paulo: Martins Fontes, 1992.

CHATELARD, D. S. *Conceito de objeto na psicanálise*: do fenômeno à escrita. Brasília: Editora Universidade de Brasília, 2005.

DANTO, E. A. [2005]. *As clínicas públicas de Freud*: psicanálise e justiça social. São Paulo: Perspectiva, 2019.

DEBORD, G. *A Sociedade do Espetáculo*. Tradução de Estela dos Santos Abreu. Rio de Janeiro: Contraponto, 1997.

DESCARTES, R. [1629]. *O mundo (ou Tratado da Luz) e O homem*. Tradução de César Augusto Battisti e Marisa Carneiro de Oliveira Franco Donatelli. Campinas: Editora da Unicamp, 2009.

DESCARTES, R. [1637]. A dióptrica: discursos I, II, III, IV e VIII. *Sci. stud.*, São Paulo, v. 8, n. 3, p. 451-486, set. 2010. Disponível em: https://www.scielo.br/j/ss/a/6TRKK3TPYNRP773jtx38Qtg/?lang=pt. Acesso em: 25 abr. 2021.

DESCARTES, R. [1637]. *Discurso do método*. Tradução de Paulo Neves. Porto Alegre: L&PM, 2021.

DESCARTES, R. [1641]. *Meditações metafísicas*. Tradução de Edson Bini. São Paulo: Edipro, 2016.

DOLTO, F. [1984]. *A imagem inconsciente do corpo*. Tradução de Noemi Moritz e Marise Levy. 3. ed. São Paulo: Perspectiva, 2017.

DOSTOIÉVSKI, F. *O duplo:* poema peterburguense. Tradução de Paulo Bezerra. São Paulo: Editora 34, 2011.

ELLIS, N. *Com MyEye Pro, seu óculos pode descrever em áudio tudo o que está na sua frente*. Disponível em: https://olhardigital.com.br/2022/01/07/reviews/com-myeye-pro-seu-oculos-pode-descrever-em-audio-tudo--o-que-esta-na-sua-frente/. Acesso em: 23 nov. 2022.

FERNANDES, M.H. *Corpo*. São Paulo: Casa do Psicólogo, 2003.

FREUD, S. [1891]. *Sobre a concepção das afasias*: um estudo crítico. Tradução de Emiliano Brito Rossi. Belo Horizonte: Autêntica, 2013. (Obras incompletas de Sigmund Freud).

FREUD, S. [1893]. *Estudos sobre a histeria*. Direção de Jayme Salomão. Rio de Janeiro: Imago, 1996. (Edição standard brasileira das obras psicológicas completas de Sigmund Freud, 2).

FREUD, S. [1900]. *A interpretação dos sonhos*. Tradução de Renato Zwick. Porto Alegre: L&PM, 2018. v. 2.

FREUD, S. [1905]. Três ensaios sobre a teoria da sexualidade. *In:* FREUD, S. *Um caso de histeria e Três ensaios sobre a teoria da sexualidade*. Direção de Jayme Salomão. Rio de Janeiro: Imago, 1996. p. 163-195. (Edição standard brasileira das obras psicológicas completas de Sigmund Freud, 7).

FREUD, S. [1909]. Notas sobre um caso de neurose obsessiva. *In:* FREUD, S. *Duas histórias clínicas* (O "pequeno Hans" e o "Homem dos ratos"). Direção de Jayme Salomão. Rio de Janeiro: Imago, 2006. p. 137-276. (Edição standard brasileira das obras psicológicas completas de Sigmund Freud, 10).

FREUD, S. [1910]. A concepção psicanalítica da perturbação psicogênica da visão. *In:* FREUD, S. *Cinco lições de psicanálise, Leonardo da Vinci e outros trabalhos*. Direção de Jayme Salomão. Rio de Janeiro: Imago, 1996. p. 217- 227. (Edição standard brasileira das obras psicológicas completas de Sigmund Freud, 11).

FREUD, S. [1913]. Sobre o início do tratamento. *In:* FREUD, S. *Fundamentos da clínica psicanalítica*. Tradução de Claudia Dornbusch. Belo Horizonte: Autêntica, 2018. p. 121-149. (Obras incompletas de Sigmund Freud).

FREUD, S. [1914]. Sobre o narcisismo: uma introdução. *In:* FREUD, S. *A história do movimento psicanalítico, artigos sobre a metapsicologia e outros trabalhos*. Direção de Jayme Salomão. Rio de Janeiro: Imago, 1996. p. 75-109. (Edição standard brasileira das obras psicológicas completas de Sigmund Freud, 14).

FREUD, S. [1915]. *As pulsões e seus destinos*. Tradução de Pedro Heliodoro Tavares. Belo Horizonte: Autêntica, 2017. (Obras incompletas de Sigmund Freud).

FREUD, S. [1918 [1914]]. *História de uma neurose infantil*: O Homem dos Lobos. Tradução de Eudoro Augusto Macieira de Souza. Rio de Janeiro: Imago Ed., 2003.

FREUD, S. [1919[1918]]. Caminhos da terapia Psicanalítica. *In:* FREUD, S. *Fundamentos da clínica psicanalítica.* Tradução de Claudia Dornbusch. Belo horizonte: Autêntica, 2017. p. 191-204. (Obras incompletas de Sigmund Freud).

FREUD, S. [1919]. *O infamiliar e outros escritos.* Tradução de Ernani Chaves e Pedro Heliodoro Tavares. Belo Horizonte: Autêntica, 2020. (Obras incompletas de Sigmund Freud).

FREUD, S. [1921]. Psicologia das massas e análise do Eu. *In:* FREUD, S. *Obras completas.* Tradução de Paulo César de Souza. São Paulo: Companhia das Letras, 2011. v. 15. p. 13-113.

FREUD, S. [1923]. O ego e o id. *In:* FREUD, S. *O ego e o id e outros trabalhos.* Direção de Jayme Salomão. Rio de Janeiro: Imago, 1996. p. 13-72. (Edição standard brasileira das obras psicológicas completas de Sigmund Freud, 19).

FREUD, S. [1925]. Nota sobre o Bloco Mágico. *In:* FREUD, S. *O ego e o id e outros trabalhos.* Direção de Jayme Salomão. Rio de Janeiro: Imago, 1996. p. 253-259. (Edição standard brasileira das obras completas de Sigmund Freud, 19).

FREUD, S. [1930]. O mal-estar na cultura. *In:* FREUD, S. *Cultura, sociedade, religião*: O mal-estar na cultura e outros escritos. Tradução de Maria Rita Salzano Moraes. Belo Horizonte: Autêntica, 2020. p. 305-410. (Obras incompletas de Sigmund Freud).

FREUD, S. [1940 [1932]]. A cabeça da medusa. *In:* FREUD, S. *Além do princípio de prazer, psicologia de grupo e outros trabalhos.* Direção de Jayme Salomão. Rio de Janeiro: Imago, 1996. p. 289-290. (Edição standard brasileira das obras psicológicas completas de Sigmund Freud, 18).

FREUD, S. [1942 [1905-1906]]. Personagens psicopáticos no palco. *In:* FREUD, S. *Arte, literatura e os artistas.* Tradução de Ernani Chaves.

Belo Horizonte: Autêntica, 2021. p. 45-52. (Obras incompletas de Sigmund Freud).

FREUD, S. [1895]. Projeto para uma psicologia científica. *In:* FREUD, S. *Publicações pré-psicanalíticas e esboços inéditos.* Direção de Jayme Salomão. Rio de Janeiro: Imago, 1996. p. 333-443. (Edição standard brasileira das obras psicológicas completas de Sigmund Freud, 1).

FREUD, S. [1950 [1896]]. Carta 52. *In:* FREUD, S. *Publicações pré-psicanalíticas e esboços inéditos.* Direção de Jayme Salomão. Rio de Janeiro: Imago, 1996. p. 281-287. (Edição standard brasileira das obras psicológicas completas de Sigmund Freud, 1).

HOLBEIN, H. [1533]. Os embaixadores. *In: Hans, the Yonger Holbein* (2002-2017). Disponível em: https://www.hans-holbein.org/Jean-De-Dinteville-And-Georges-De-Selve-%60the-Ambassadors-1533.html. Acesso em: 17 jan. 2023.

JORGE, M. A. C. *Fundamentos da psicanálise de Freud a Lacan, vol. 2:* a clínica da fantasia. Rio de Janeiro: Jorge Zahar Ed., 2010.

JOYCE, J. *Ulisses.* Tradução de Antônio Houaiss. São Paulo: Abril Cultural, 1980.

JULIEN, P. O furo no imaginário. *In:* JULIEN, P. *O Retorno a Freud de Jacques Lacan:* A Aplicação ao Espelho. Tradução de Angela Jesuino e Francisco Franke Settineri. Porto Alegre: Artes Médicas Sul, 1993. p.133-143.

LACAN, J. [1938]. Os complexos familiares na formação do indivíduo. *In:* LACAN, J. *Outros escritos.* Rio de Janeiro: Jorge Zahar Ed., 2003. p. 29-90.

LACAN, J. [1946]. Formulações sobre a causalidade psíquica. Rio de Janeiro: Jorge Zahar Ed., 1998. p. 152-194.

LACAN, J. [1949]. Estádio do espelho como formador da função do eu. *In:* LACAN, J. *Escritos.* Rio de Janeiro: Jorge Zahar Ed., 1998. p. 96-103.

LACAN, J. [1953-1954]. *O Seminário, livro 1*: os escritos técnicos de Freud. Rio de Janeiro: Jorge Zahar Ed., 2009.

LACAN, J. [1956]. *O Seminário, livro 4*: a relação de objeto. Rio de Janeiro: Jorge Zahar Ed., 1995.

LACAN, J. [1957-1958]. *O Seminário, livro 5*: as formações do inconsciente. Rio de Janeiro: Jorge Zahar Ed., 2020.

LACAN, J. [1958-1959]. *O Seminário, livro 6*: o desejo e sua interpretação. Rio de Janeiro: Jorge Zahar Ed., 2016.

LACAN, J. [1961]. Observação sobre o relatório de Daniel Lagache: Psicanálise e estrutura da personalidade. *In:* LACAN, J. *Escritos*. Rio de Janeiro: Jorge Zahar Ed., 1998. p. 653-691.

LACAN, J. [1961]. Maurice Merleau-Ponty. *In:* LACAN, J. *Outros Escritos*. Rio de Janeiro: Jorge Zahar Ed., 2003. p. 183-192.

LACAN, J. [1962-1963]. *O Seminário, livro 10*: a angústia. Rio de Janeiro: Jorge Zahar Ed., 2005.

LACAN, J. [1963]. Kant com Sade. *In:* LACAN, J. *Escritos*. Rio de Janeiro: Jorge Zahar Ed., 1998. p. 776-803.

LACAN, J. [1964]. *O Seminário, livro 11*: os quatro conceitos fundamentais da psicanálise. Rio de Janeiro: Jorge Zahar Ed., 2008.

LACAN, J. [1966]. De nossos antecedentes. *In:* LACAN, J. *Escritos*. Rio de Janeiro: Jorge Zahar Ed., 1998. p. 69-76.

LACAN, J. [1966]. A ciência e a verdade. *In:* LACAN, J. *Escritos*. Rio de Janeiro: Jorge Zahar Ed., 1998. p. 869-892.

LACAN, J. [1967]. Proposição de 9 de outubro de 1967 sobre o psicanalista da Escola. *In:* LACAN, J. *Outros escritos*. Rio de Janeiro: Jorge Zahar Ed., 2003. p. 248-264.

LACAN, J. [1968-1969]. *O Seminário, livro 16*: de um Outro ao outro. Rio de Janeiro: Jorge Zahar Ed., 2008.

LACAN, J. [1969-1970]. *O Seminário, livro 17*: o avesso da psicanálise. Rio de Janeiro: Jorge Zahar Ed., 1992.

LACAN, J. [1973]. Televisão. *In:* LACAN, J. *Outros Escritos.* Rio de Janeiro: Jorge Zahar Ed., 2003.

LACAN, J. [1975-1976]. *O seminário, livro 23*: o sinthoma. Rio de Janeiro: Jorge Zahar Ed., 2007.

LAUDINO, J. *Entre a visão e o olhar*: reflexões psicanalíticas sobre a clínica com cegos congênitos. 2020. 41 f. Monografia (Especialização em Teoria Psicanalítica e Prática Clínico-Institucional) — Universidade Veiga de Almeida, Rio de Janeiro, 2020.

LEBRUN, G. Sombra e luz em Platão. *In:* NOVAES, A. (org.) *O olhar.* São Paulo: Companhia das Letras, 1988. p. 21-30.

LIMA, M. *Histórias de cego.* Rio de Janeiro: Oficina Raquel, 2020.

MENDES, E. D.; PRÓCHNO, C. C. S. C. Corpo e novas formas de subjetividade. *Psychê*, São Paulo, vol. VIII, núm. 14, jul.-dez., 2004, p. 147-156. Disponível em: http://pepsic.bvsalud.org/pdf/psyche/v8n14/v8n14a09.pdf. Acesso em: 18 out. 2022.

MERLEAU-PONTY, M. [1945]. *Fenomenologia da percepção.* Tradução de Carlos Ribeiro de Moura. 5. ed. São Paulo: Editora WMF Martins Fontes, 2018.

MERLEAU-PONTY, M. [1946]. *O primado da percepção e suas consequências filosóficas.* Tradução de Sílvio Rosa Filho e Thiago Martins. Belo Horizonte: Autêntica Editora, 2017.

MERLEAU-PONTY, M. [1960]. *O olho e o espírito.* Tradução de Paulo Neves e Maria E. Galvão Gomes Pereira. São Paulo: Cosac & Naify, 2004.

MERLEAU-PONTY, M. [1964]. *O visível e o invisível.* Tradução de José Artur Gianotti e Armando Mora d'Oliveira. São Paulo: Perspectiva, 2014.

MILLER, J. A. [1994]. Jacques Lacan e a voz. *Opção Lacaniana online*, ano 4, n. 11, 2013. Disponível em: http://www.opcaolacaniana.com.br/pdf/numero_11/voz.pdf. Acesso em: 4 nov. 2021.

NASIO, J. D. *O Olhar em psicanálise*. Tradução de Vera Ribeiro. Rio de Janeiro: Jorge Zahar Ed., 1995.

NASIO, J. D. *Um psicanalista no divã*. Tradução de André Telles. Rio de Janeiro: Jorge Zahar Ed., 2003.

NOVAES, J. V. Mulher e beleza: em busca do corpo perfeito, práticas corporais e regulação social. *Tempo psicanalítico*, Rio de Janeiro, n. 33, 2001. p. 37-54.

NOVAES, J. V. Auto-retrato falado: Construções e desconstruções de si. *Lat. Am. j. fundam. psychopathol. On-line*, São Paulo, v. 4, n. 2, p. 131-147, nov. 2007. Disponível em: http://pepsic.bvsalud.org/scielo.php?script=sci_arttext&pid=S1677-03582007000200002&lng=pt&nrm=iso. Acesso em: 18 out. 2022.

PLATÃO. *A República*. Tradução de Ciro Mioranza. São Paulo: Lafonte, 2017.

QUINET, A. *A descoberta do inconsciente*: do desejo ao sintoma. Rio de Janeiro: Jorge Zahar Ed., 2000.

QUINET, A. *Um Olhar a Mais*: ver e ser visto na psicanálise. Rio de Janeiro: Jorge Zahar Ed., 2002.

QUINET, A. *Édipo ao pé da letra*: fragmentos de tragédia e psicanálise. Rio de Janeiro: Jorge Zahar Ed., 2015.

QUINET, A. *O Inconsciente teatral*. Rio de Janeiro: Atos e Divãs Edições, 2019.

QUINET, A. *Análise online*: na pandemia e depois. Rio de Janeiro: Atos e Divãs Edições, 2021.

QUINET, A. *Psicose e laço social*. 2. ed. Rio de Janeiro: Atos e Divãs Edições, 2023.

ROSA, J. G. [1962]. O espelho. *In:* ROSA, J. G. *Primeiras estórias*. 5. ed. Rio de Janeiro: José Olympio, 1969. p.73-74.

ROSA, V. L. S. *O fenômeno instagram*: o especular e seu avesso. 2022. 99 f. Dissertação (Mestrado em Psicanálise, Saúde e Sociedade) — Universidade Veiga de Almeida, Rio de Janeiro, 2022.

SALES, L. Posição do estágio do espelho na teoria lacaniana do imaginário. *Revista do Departamento de Psicologia — UFF*, v. 17, n. 1, p. 113-127, jan./jun. 2005. Disponível em: http://www.scielo.br/pdf/rdpsi/v17n1/v17n1a09.pdf. Acesso em: 25 jan. 2020.

SANTOS, M. J. M.; MARINHO, L. A. Um corpo na escuridão: o estádio do espelho em cegos. *Mosaico: estudos em Psicologia*, Belo Horizonte: v. 3, n. 1, p. 1-9, 2009. Disponível em: https://periodicos.ufmg.br/index.php/mosaico/article/view/6255/3845. Acesso em: 25 jan. 2020.

SCHEINKMAN, D. *Da Pulsão escópica ao olhar*: um percurso, uma esquize. Rio de Janeiro: Imago Ed., 1995.

SIBILIA, P. *O show do eu*. 2. ed. Rio de Janeiro: Contraponto, 2016.

SOLER, C. Sobre a segregação. *In*: BENTES, L.; GOMES, R. (org.). *O brilho da infelicidade*. Rio de Janeiro: Contra Capa, 1998. p. 43-54.

SOLER, C. Os fenômenos perceptivos do sujeito. *In:* SOLER, C. *O inconsciente a céu aberto da psicose*. Tradução de Vera Ribeiro. Rio de Janeiro: Jorge Zahar Ed., 2007. p. 23-38.

WILDE, O. [1891]. *O retrato de Dorian Gray*. Tradução de Alexandre Barbosa de Souza. São Paulo: Via Leitura, 2018.